어린이가 지구를 구하는 50가지 방법

2012년 9월 15일 처음 펴냄
2025년 3월 17일 11쇄 펴냄

지은이 • 지구를 구하는 50가지 방법 제작위원회
그린이 • 소복이
옮긴이 • 김정화
펴낸이 • 신명철
펴낸곳 • (주)우리교육
등록 • 제 2024-000103호
주소 • 10403 경기도 고양시 일산동구 정발산로 24
전화 • 02-3142-6770
팩스 • 02-6488-9615
홈페이지 • www.urikyoyuk.modoo.at
제조국명 • 대한민국
사용연령 • 8세 이상

• 잘못된 책은 구입하신 서점에서 바꾸어 드립니다.
• 이 책 내용을 쓰려면 반드시 저작권자와 (주)우리교육에 서면 허락을 받아야 합니다.

ⓒ 김정화, 2012
ISBN 979-11-926650-0-9 75530

어린이가 지구를 구하는 50가지 방법 by Committee Dedicated to Saving the Earth
Copyright ⓒ 2009 by Committee Dedicated to Saving the Earth
First published in 2009 in Japan under the title Committee Dedicated to Saving the Earth by Bronze Publishing Inc., Tokyo.
Korean translation right ⓒ 2012 Urikyoyuk Co., Ltd,.
All rights reserved.

이 책의 한국어판 저작권은 Imprima Korea Agency를 통해 Bronze Publishing Inc.과 독점계약한 우리교육에 있습니다. 저작권법에 의해 한국 내에서 보호를 받는 저작물이므로 무단전재와 무단복제를 금합니다.

일러두기 : 이 책의 내용은 우리나라 상황에 맞추어 녹색연합과 함께 수정했습니다.

어린이가 지구를 구하는
50가지 방법

지구를 구하는 50가지 방법 제작위원회 지음
소복이 그림 | 김정화 옮김 | 녹색연합 감수

우리교육

이 책을 읽는 친구들에게 • 6
무슨 일이 벌어지고 있을까요? • 10

1장 물을 지키자

얼른 쓰고 빨리 끄자 • 26 | 화장실에 앉아 생각해 봐 • 28
기름 버리기를 기다렸지! • 30 | 세제는 지구를 더럽힐까? • 35
강에서 놀아 보자 • 38 | 바다는 쓰레기통이 아니에요 • 40
개펄에서 모이자 • 42

2장 숲과 동물을 지키자

하이킹을 떠나자! • 48 | 힘내라! 숲의 청소부 • 50 | 나무를 심자 • 52
숲을 지키는 재생 종이 • 55 | 야생동물이 보내는 메시지 • 57
외국에서 들여온 동물은 버리지 말자 • 60
멸종 위기에 놓인 동물을 돕자 • 62 | 오랑우탄을 구하라! • 64

3장 먹을거리와 생태학

남기지 말고 맛있게 먹자 • 68 | 만약 수입이 금지된다면 • 70
'신토불이'를 해 보자 • 72 | 물고기도 줄고 있어 • 74
논은 훌륭한 친환경 장치야 • 76 | 돼지가 술지게미를 먹는 이유 • 79
음식쓰레기를 흙으로 되돌리자 • 80 | 꼬마 농부가 되자 • 82
유전자 변형이 뭐야? • 86 | 친환경 식생활에 도전! • 89

후기 • 156

4장 지구의 보물을 지키자

모두가 지구의 보물 • 94 | 페트병과 3R • 96
'필요 없다' 고 말하자 • 99 | 충전지로 바꾸자 • 101
'고쳐 입는' 멋쟁이 • 103 | 아나바다 장터에서 용돈 벌기 • 105
앞으로는 함께 쓰기가 대세! • 107 | 지구 보물을 재활용하자 • 109
종이 낭비로 숲이 사라진다 • 111 | 깡통은 다시 태어난다 • 114
병에는 두 가지 길이 있다! • 116

5장 온난화는 멈출 수 있을까?

이산화탄소는 나쁜 걸까? • 120 | 집에서 쓰는 에너지 • 122
대기 전력 다이어트 • 124 | 집 안 전구를 바꾸자 • 126 | 탄소 발자국 • 128
식물 커튼을 만들어 보자 • 130 | 자전거 선수가 되자 • 134

6장 미래 에너지

태양과 바람의 힘 • 138 | 휘발유가 아니라도 차는 달린다! • 141
초등학생의 아이디어가 세상을 바꾼다? • 143
깜짝 놀랄 에너지 혁명 • 145 | 쇼핑으로 지구를 구하자 • 147
환경 라벨에 주목 • 149 | 주위에서 할 수 있는 일부터 시작하자 • 153

이 책을 읽는 친구들에게

이 책 제목을 보고 어떤 생각을 했니?

"지구가 위험해?"

"외계인이 쳐들어오나?"

"어린이들이 지구를 구할 수 있을까?"

이런 생각을 하지는 않았니?

사실 지금 정말로 위험이 다가오고 있어. 지구를 궁지로 몰아세우는 것은 외계인도 아니고 거대한 괴물도 아닌 우리, 바로 '사람'이야. 그건 말도 안 된다고? 그렇지만 그런 이상한 일이 실제로 벌어지고 있어. 물론 사람들도 지구를 궁지에 몰아넣으려고 했던 건 아니야.

"더 실컷 먹을 수 있으면 좋겠어."

"더 사는 게 편해지면 좋겠어."

우리 조상들은 지혜를 짜내고 노력해서 셀 수 없을 만큼 '더! 더!'를 이루어 냈어. 조상님들 대단하지! 그렇지만……

더, 더, 더, 더, 더, 더, 더, 더!

 수도 없이 '더'를 만들어 내려다가 지구 여기저기서 숲이 사라졌고, 그곳은 오로지 사람만을 위한 집, 가게, 공장, 농장으로 바뀌었어. 물과 공기는 더러워지고 사방이 쓰레기투성이야.
 지금까지는 자연이 조금 망가져도 지구가 자기 힘으로 고칠 수 있었어. 하지만 요즘에는 망가뜨리는 정도가 너무 심해. 회복할 틈도 없이 잇달아 상처를 내서 마침내 지구는 큰 부상을 당하고 말았어.
 지금 지구는 살려 달라고 소리치고 있어. 그 증거로 생물들이 하나둘 멸종하고 있어. 생물이 살 수 없는 지구에서 우리 사람들은 살아갈 수 있을까?

우리 별 지구를 구하자!

여러분 같은 어린이와 그 어린이의 아이, 또 그 아이의 아이들에게 "우리 조상들 참 대단해."라는 말을 들을 수 있게 아름다운 지구를 남겨 주자.

우리는 '우리가 지구를 구할 수 있을까?' 진심으로 걱정하는 친구, 정말로 중요한 것이 무언지 알고 있는 어린이야말로 이 지구를 구할 수 있다고 생각해.

1992년 6월 브라질에서 있었던 일이야. 세계 여러 나라가 환경에 대해 이야기를 나눈 '지구환경 정상회담'에서 열두 살짜리 캐나다 소녀, 세번 컬리스 스즈키가 연설을 했어.

'지구를 망가뜨리는 일을 이제 멈춰 주세요. 미래에 살아야 할 우리 어린이들을 위해서요.'

겨우 6분짜리 연설이 어른들을 감동시켰고, 지구를 지키자는 운동을 일으켰어.

세번이 특별하다고 생각하니? 물론 전 세계 대단한 어른들 앞에서 어린이가 이야기할 기회는 좀처럼 없지. 그 점은 행운이야. 그렇지만 소중한 것을 지키고 싶다는 마음은 친구들하고 똑같아.

이 책은 1990년에 출판된 《어린이가 지구를 구하는 50가지 방법》이라는 책을, 새로운 자료를 바탕으로 현대에 맞춰 다시 만들었어. 20년 전에 비하면 세상은 아주 조금 좋아진 것도 있어. 하지만 여전히 나쁜 쪽으로 흘러가는 일도 있지.

파괴된 자연을 되돌리려면 아주 오랜 시간이 걸려. 이 책에는 지구를 구하는 50가지 방법이 적혀 있어. 먼저 읽어 보고, 우리 친구들이 할 수 있는 일을 찾아서 실천하면 좋겠어. 작은 일이라도 좋으니까 계속하길 바라. 지구를 지키고 싶다는 마음이 모두한테 생기면 미래의 지구는 틀림없이 건강해질 거야.

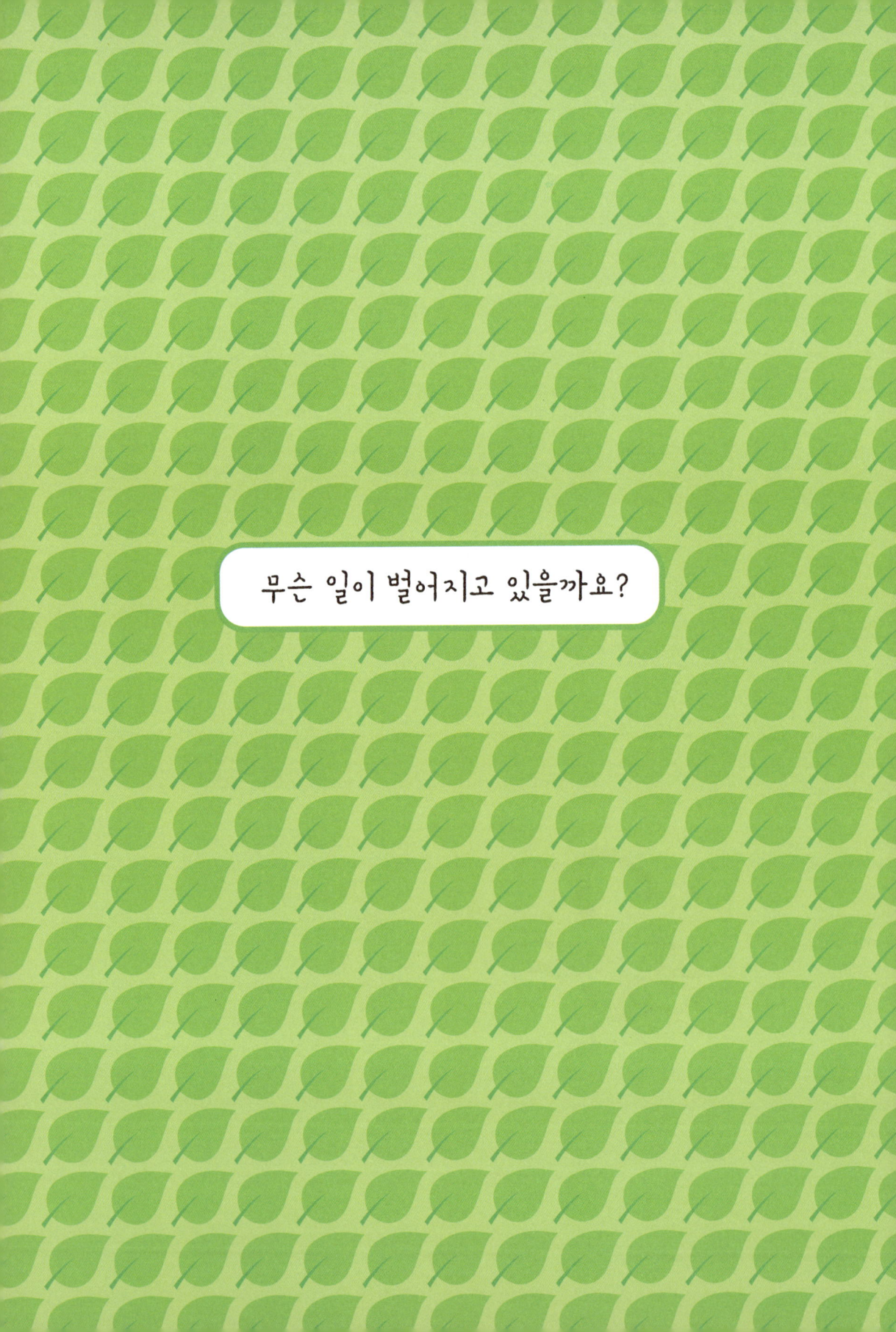
무슨 일이 벌어지고 있을까요?

계속 늘어나는 인구

　지구 인구는 약 67억 5000만 명이야. 너무 큰 수라서 딱 느낌이 오지 않겠지만, 1000년 전 인구가 3억, 100년 전에도 겨우 20억이었다는 걸 보면 엄청난 기세로 늘고 있어. 지금 지구에서는 1분에 140명, 1년이면 8000만 명이나 되는 아기가 태어나. 태어난 걸 축하해!

　하지만 기뻐만 할 수가 없어. 살기 위해서는 집과 음식, 그 밖에 여러 가지가 필요하기 때문이야. 숲을 베어 집을 짓고, 물고기 같은 생물을 잡아먹고, 에너지를 쓰느라 공기를 더럽히고…… 인구가 늘어난다는 것은 자연을 망친다는 뜻이기도 해.

　한정된 자원과 부족한 식량도 걱정이야. 이미 급격하게 인구가 늘고 있는 아시아, 아프리카의 나라 중에는 깨끗한 물을 마실 수 없어 곤란을 겪는 사람이 많아. 그 수는 무려 세계 인구의 5분의 1이야. 그리고 10억에 가까운 사람들이 충분히 먹지 못해서 영양부족 상태에 놓여 있어. 국제연합 발표에 따르면 2050년이면 인구가 91억까지 늘어날 거래. 우리들 한 사람 한 사람의 삶은 지구의 미래와 매우 가깝게 이어져 있어.

에너지와 석유

친구들이 신 나게 놀고 공부하기 위해서는 음식을 먹어야 해. 이와 마찬가지로 차는 휘발유, 텔레비전은 전기가 없으면 움직이질 않아. 무언가를 움직이거나 열을 내는 데 원동력이 되는 것이 바로 에너지야. 지난 100년 동안 에너지 소비량은 폭발적으로 늘어났어. 공업이 발달하면서 석유와 석탄이 사용되었기 때문이야.

'화석연료'라 불리는 석탄, 석유, 천연가스는 말 그대로, 아주 옛날에 살았던 생물이 땅속 깊은 곳에 파묻혀 있다가 수천만 년에 걸쳐 만들어진 자원이야. 그중에서도 석유는 연료뿐 아니라 플라스틱이나 옷감으로도 변신하는 엄청난 녀석이지. 지금 우리 삶은 석유 없이는 버틸 수 없게 되었어.

하지만 이렇게 마구잡이로 석유를 쓴다면 앞으로 40년 뒤에 바닥이 드러난대. 이미 석유를 가장 많이 생산할 수 있는 석유 생산 정점(peak oil)이 지났다고 말하기도 해. 게다가 석유는 나는 곳이 한정되기 때문에 이를 둘러싸고 나라끼리 전쟁도 끊이지 않아. 예전엔 땅 밑에서 비교적 쉽게 얻었는데 요즘엔 바다 밑에서까지 채취하니, 도중에 사고가 나면 바다가 오염되기도 해.

에너지 소비량이 세계 10위인 우리나라는 사용량의 절반 가까이를 석유에 기대고 있어. 그 석유가 사라지면 어떻게 될까? 우리는 이제 석유가 없는 미래를 준비해야 해.

원자력 에너지는 우리나라에서도 많이 쓰이기 시작했지만, 폐기물에 방사능이 남아 있기 때문에 사람들은 훗날 지구를 오염시키지는 않을까 걱정하고 있어. 그래서 우리나라는 물론 전 세계에서 미래를 위해, 지구를 더럽히지 않는 대안 에너지 개발을 서두르고 있어.

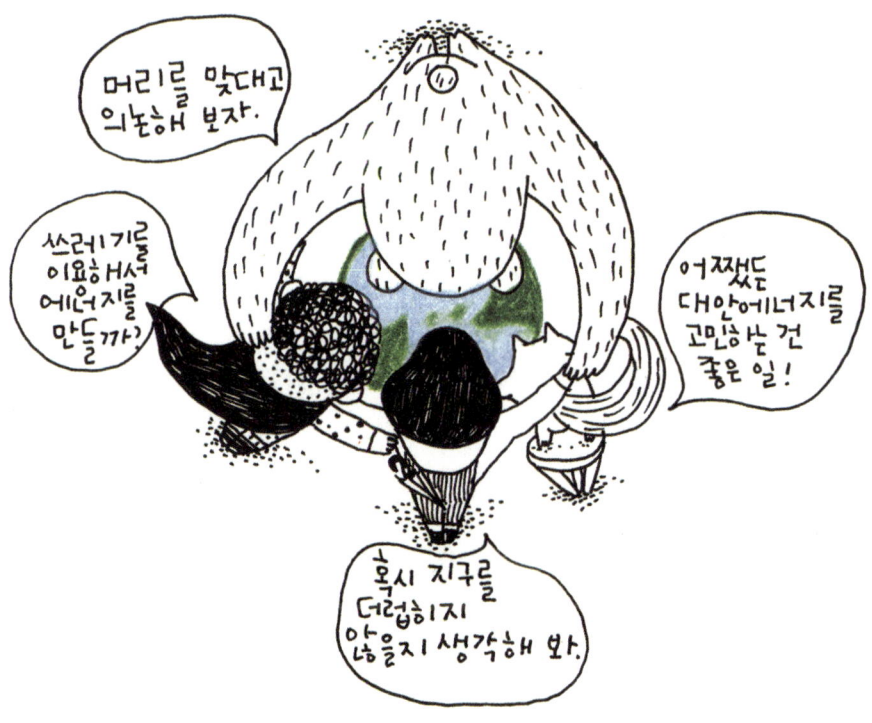

지구온난화와 이산화탄소

　인간이 석유와 석탄 같은 화석연료를 많이 쓰기 시작하면서 지구는 점점 따뜻해지고 있어. 100년 동안 지구의 평균기온은 0.74도가 올라갔어. '애걔, 겨우 그만큼?'이라고 생각하면 오산이야. 평균기온이 1~3도 올라가면 기후가 바뀌고 야생동물 30퍼센트가 멸종 위기에 놓인대. 그리고 물이 부족해지면서 농작물을 거둘 수 없게 되고, 질병이 늘어나는 등 문제가 한두 가지가 아니야. 이렇게 지구의 기온이 높아지는 현상을 '지구온난화'라고 해. 요즘 전 세계에서 홍수, 허리케인, 한파와 같은 현상이 일어나는 것도 지구온난화와 관계가 있다고 해.
　지구의 기온이 일정하게 유지되는 건 지구를 덮고 있는 '온실가스'

　덕분이야. 온실가스는 태양빛을 받아들이면서 열의 일부를 가두는 역할을 하지. 그 덕분에 지구는 평균 15도 즉, 동물과 식물이 살아가기에 적당한 기온을 유지해.
　그런데 지금 그 균형이 무너지기 시작했어. 온실가스가 너무 늘어나서 불필요한 열까지 가두어 버린 거야. 온실가스는 이산화탄소(CO_2)가 77퍼센트를 차지하는데, 그중 74퍼센트는 화석연료를 사용하기 때문에 발생한 거래. 최근 우리나라에서도 이산화탄소를 줄이려는 움직임이 활발해지고 있어. 조금이라도 지구온난화를 막고자 하는 거지.

쓰레기

　서울에 있는 월드컵 경기장 옆에는 노을공원과 하늘공원이라는 산이 있어. 그런데 처음부터 산은 아니었단다. 그럼 무엇이었을까? 바로 쓰레기 더미였어. 1978년부터 15년 동안 서울 시민들이 버린 쓰레기가 산을 이루었지. 보기 좋지 않은 데다 자꾸 무너지면서 가스가 나와 위험해지자 그 위에 흙을 덮은 거야. 그러니까 그 밑엔 아직도 많은 쓰레기가 있는 거야. 놀랍지 않아?

　1980년대 뒤로 우리나라는 물건을 대량으로 생산하며 쓰고 버리고, 또 쓰고 버리는 생활을 하기 시작했어. 쓰던 물건이 고장 나면 고치지 않고 그냥 버렸고, 바로 먹을 수 있는 컵라면과 포장 음식을 많이 찾았지. 그러면서 쓰레기 산이 만들어졌어. 결국 편리한 생활이 쓰레기를

늘려 버린 거야.

　지금은 쓰레기를 재활용하고 있지만, 재활용하기 힘든 쓰레기는 여전히 땅에 묻고 소각장에서 태우거나 바다에 버리면서 환경오염이 계속되고 있어. 우리나라 사람들이 버리는 생활쓰레기 양은 하루 한 사람당 1킬로그램 정도 된대. 사업장이나 공장에서 나오는 쓰레기까지 모두 합치면 날마다 35만 9296톤의 쓰레기가 버려진대.

　쓰레기는 묻는다고 끝이 아니야. 플라스틱처럼 흙으로 돌아가지 않는 쓰레기는 이 지구에 영원히 남게 되지. 게다가 몸에 해로운 물질이 나와 지하수로 흘러 들어가거나 가스를 발생시켜 심각한 환경문제를 일으키기도 해.

오염

   시골에 사는 할머니가 도시에 와서 '도시는 공기가 나빠서 살기가 힘들어.' 하는 말 들어 본 적 없니? 그건 공기가 더러워졌기 때문이야. 1990년 무렵이 되자, 공장에서 뿜어내는 연기와 자동차 배기가스로 도시의 공기는 아주 더러워졌어. 그래서 천식이나 기관지염 같은 병에 걸리는 사람이 많았지. 그 뒤로 공장의 연기와 배기가스를 규제하는 법률이 생겼지만, 차는 계속 늘어나기만 했어. 1970년에 12만 대였던 자동차 수가 1992년에 500만 대, 1997년에는 1000만 대를 넘어, 2009년에는 1733만 대로 40년간 약 140배나 많아졌지.

   특히 차가 많은 도시에서는 배기가스 때문에 사람과 동물이 병에 걸

리거나 식물이 말라 죽는 일이 많아. 공업이 시작된 이래 사람은 온갖 화학물질을 만들어 냈어. 세계적으로 유통되는 화학물질은 20만 종 이상인데, 우리나라에서만 약 4만 종 이상이 쓰이고 있어. 화학물질들은 플라스틱과 합성세제, 의약품, 농약 등으로 우리 생활을 편리하게 해 주지만 자연환경을 파괴하거나 생물의 건강을 해치기도 해.

 화학물질은 공장 매연이나 배기가스처럼 공기 중에만 떠다니는 게 아니라 지하수와 강, 바다로 흘러 들어가 물을 더럽히거나 흙에 섞이기도 해. 자연의 힘으로 분해되기 어려운 화학물질은 영원히 지구를 떠다니며 생명체의 몸에 쌓여 가는 거야.

삼림 벌채와 동물

  1990년부터 2005년까지 15년 동안 1억 2500만 헥타르의 숲이 사라졌어. 이건 남한 면적의 약 열두 배로, 3초마다 축구장 크기의 숲이 하나씩 사라진 셈이야. 이 속도로 가면 100년 뒤에는 지구에서 숲이 완전히 사라져 버린대.

  특히 심각한 건 남아메리카와 아프리카 대륙, 동남아시아 적도 부근에 있는 열대림이야. 1년 내내 기온이 높고 비가 많이 내려 온갖 종류의 식물이 우거진 열대림에는, 아직 발견되지 않은 나무 열매와 과일, 의료에 도움이 되는 약초 등도 수없이 많다고 해. 그런데 매년 1500만

헥타르나 되는 열대림이 사라지고 있어. 종이와 목재 원료로 쓰기 위해 또 목장이나 밭으로 만들기 위해 나무를 대량으로 베어 냈기 때문이야. 지난 100년 동안 열대림은 반으로 줄어 버렸어.

  그 결과 많은 동물들이 멸종 위기에 놓였어. 현재 지구에는 알려진 생물만 175만 종, 아직 발견되지 않은 것을 포함하면 500~3000만 종이 있대. 그 가운데 거의 절반이 이 열대림에 살고 있어. 오랑우탄, 호랑이, 코끼리, 나무늘보 등 열대림에서 사는 많은 동물들은 살 곳과 먹을 것을 잃어 가고 있지.

식량

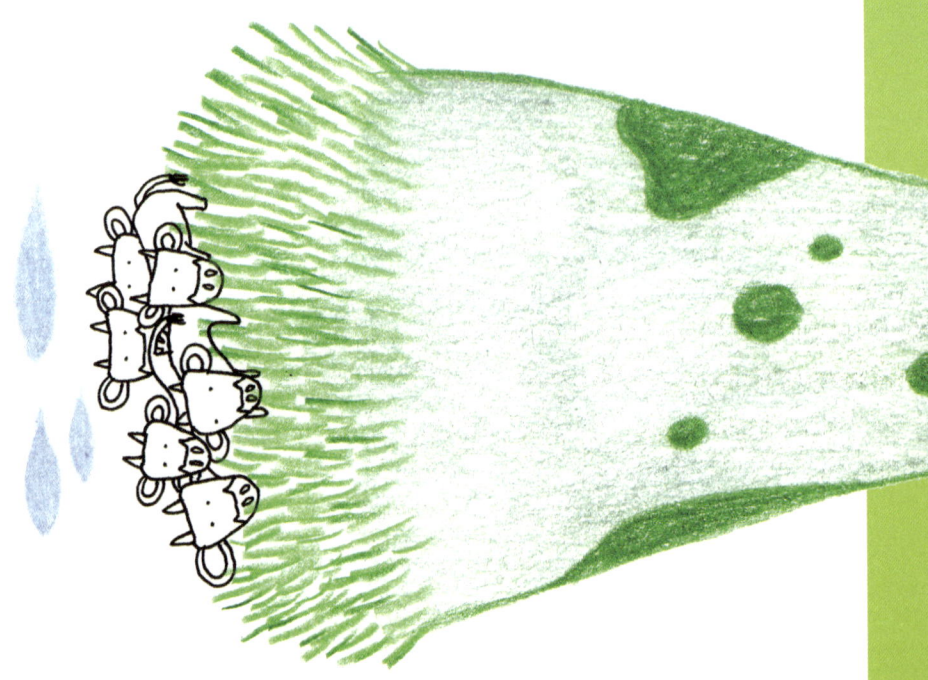

지금 지구에서는 일곱 명에 한 명은 먹을 것이 없어서 힘겨워하고, 하루에도 2만 5000명이 먹지 못해 목숨을 잃고 있어. 2008년에 거둔 곡물은 약 21억 톤인데, 이것은 전 세계 인구의 두 배가 먹고살 수 있는 양이야. 그런데 왜 이런 일이 벌어질까?

수확된 곡물 대부분은 돈 많은 부자 나라들이 사들여. 그래서 인구가 많아 식량이 부족한 나라, 전쟁으로 농사를 지을 수 없는 나라, 자연재해로 식량을 거두지 못하는 나라 사람들이 희생되고 있는 거야. 사실 곡물의 40퍼센트가 부자 나라에서 먹을 소, 돼지의 사료로 쓰여. 쇠고기 1킬로그램을 얻는 데 곡물 8킬로그램이 든대.

우리나라도 80년대 뒤로 고기 소비량이 계속 늘어나 사료로 쓸 곡물

　의 수입량이 1년에 800~900만 톤가량 된대. 우리나라의 식량 자급률은 약 27퍼센트로 매우 낮은 편이야. 식탁에 올라오는 음식의 약 73퍼센트를 수입하는 셈이지. 한편 남거나 유통기한이 지나 버려지는 음식도 어마어마한데, 그 양이 하루에 1만 5000톤가량 된다고 해. 쇠고기 1킬로그램을 얻으려면 욕조 60개를 채울 정도의 물과 7킬로그램의 곡물 사료가 필요해. 게다가 목장을 만드느라 많은 숲이 사라지고 있어. 외국의 천연자원을 듬뿍 쓰고 많은 에너지를 들여서 운반해 온 식재료를 우리들은 아무렇지 않게 버리는 거야.

　온 세계 사람들과 먹을 것을 서로 나누기 위해서 그리고 지구 환경을 지키기 위해서 우리들은 어떻게 하면 좋을까?

1장 물을 지키자

친구들이 지금 마시는 그 물은
아주아주 오랜 옛날 공룡이 마셨던 물일지도 몰라.
'설마!' 라고? 아니야. 충분히 있을 수 있는 얘기야.

왜냐면 지구가 '물의 행성' 으로 탄생한 그때부터
물은 늘 똑같은 양 그대로 빙글빙글 지구를 돌고 있기 때문이야.
강이나 바다가 되었다가 구름이 되고, 머나먼 정글에 내리는 비가 되기도 하고,
북극에 떠 있는 빙산이 되면서…….

쉽게 말하면 지구는 하나의 커다란 '물동이' 야.
물동이에는 늘 그만큼의 물이 들어가잖아.

혹시 걱정되지 않니? 물동이의 물이 자꾸자꾸 더러워지는 게 아닌지.
그런데 이 물동이에 신기한 점이 있는데 알려 줄까?
물은 아무리 더러워져도 빙글빙글 지구를 도는 사이에
처음 그 깨끗한 물로 돌아와.

그럼 물은 맘대로 써도 될까? 대답은 '아니요.' 야.

물동이의 물은 거의 바닷물로, 우리가 마시고 쓸 수 있는 물은 고작 0.01퍼센트야. 지구 전체의 물을 일회용 물병 하나라고 치면, 우리가 쓰는 물은 안약 네 방울 정도밖에 안 돼. 겨우 그만큼의 물을 수많은 생물과 67억이나 되는 사람이 나누어 쓰는 거야.
사람이 멋대로 쓴다면 어떻게 될까?

더욱이 물은 아주 느릿느릿 움직여.
예를 들면 지하수가 모두 바뀌는 데는 1000년, 바닷물은 3000년, 빙산은 만 년이 걸린대.
그런데 사람이 물을 쓰는 속도가 너무 빨라서 마실 수 있는 물의 양이 거의 0에 가까워지고 있어.

그래서 우리는 물을 잘 써야 해.
1억 년 전 공룡이 마셨을지도 모르는 물이 지금 우리한테 와 있는 것처럼,
미래 지구의 생물들한테도 맛있는 물을 남겨 줘야 하잖아.

여러분 곁에 있는 물은 물동이인 지구와 이어져 있어.

얼른 쓰고 빨리 끄자

이를 닦을 때 물을 틀어 놓으면 1분 동안 물이 얼마나 나올까?
① 1컵 ② 10컵 ③ 60컵

수도꼭지를 돌리면 언제나 물이 쏟아져. 그러니까 우리는 아무 생각 없이 마냥 수돗물을 틀어 놓기도 해. 어쩌면 그냥 흘려보낸 물이 더 많을지도 몰라.

 알고 있니?

- 한 사람이 하루에 집에서 쓰는 물의 양은 338리터. 1리터들이 물병 338개와 같은 양이야.

- 빗물 저금통을 아니? 옛날에는 마당에 늘 커다란 통을 두고 빗물을 받아서 청소와 빨래를 했어. 그런데 요즘에도 빗물을 쓰는 사람들이 있어. 서울의 '건강한 도림천을 만드는 주민 모임'에서는 집집마다 빗물 저금통을 만들었어. 마당이 있는 집뿐만 아니라 아파트, 다세대 주택에서도 빗물을 받아서 화초에 주거나 청소하는 데 쓰고 있대.

- 우리나라에서도 해마다 어디선가 물이 부족해. 물은 펑펑 쓸 수 있다는 생각은 버리는 게 좋을 것 같아.

 **우리가 할 수 있는 일**

- 샤워는 너무 오래 하지 않기. 3분 동안 물을 틀어 놓으면 2리터들이 병 18개 분량의 물이 버려져. 이를 닦을 때 물을 틀어 두면, 1분에 12리터의 물을 버리게 돼. 물 한두 컵으로 헹굴 수 있는데 말이야. 통에 물을 받아 설거지를 하면 하루에 물병 40개 분량의 물을 아낄 수 있어.

Ⓐ ③ 60컵 2리터들이 물병 6개 분량의 물이 흘러나와.

2

화장실에 앉아 생각해 봐

수세식 화장실은 언제쯤 생겼을까?
① 로마제국 시대(약 2000년 전) ② 일제강점기(약 100년 전)
③ 제2차 세계 대전 뒤(약 60년 전)

집에서 물을 가장 많이 쓰는 곳은 화장실이야. 하루 종일 있는 것도 아닌데 화장실이라고? 하지만 화장실에서는 한 번에 흘려보내는 물의 양이 아주 많아. 화장실에서 아껴 쓰면 꽤 많은 물을 절약할 수 있어.

 알고 있니?

- 요즘 변기는 '대'와 '소'로 꼭지가 나뉘어 있는데, '대'는 약 2리터들이 물병 4개, '소'는 3개 정도의 물이 흘러나와. 겨우 물병 1개 차이냐고 생각할지도 모르지만, 사람이 하루를 사는 데 필요한 물의 양이 최소 그 하나 정도라니 무시할 수 없는 양이지.
- 서울 국립중앙박물관과 인천 문학경기장에는 손 씻은 물을 정화해서 화장실 변기 물로 쓰는 '중수도' 시설을 갖추었대. 우리나라는 물을 많이 쓰는 곳에 중수도 시설을 갖추도록 권장하는 법이 마련되어 있어.

 우리가 할 수 있는 일

- '대'와 '소' 꼭지를 잘 구분해서 물을 내리자. 변기에 따라서 꼭지를 누르는 동안에만 물이 내려가기도 하니, 어떤 종류의 변기인지 알아보고 쓰자.
- 학교 화장실이나 공중 화장실에서는 소리가 신경 쓰여. 밖에서 누가 들을까 봐 물을 내리면서 오줌을 누는 어린이들도 있을 거야. 요즘은 물소리나 음악 소리가 나오는 장치가 있는 화장실도 드물지 않아. 그런데 이걸 본 외국인들은 깜짝 놀란대. 왜냐고? 오줌과 똥을 누는 게 부끄러운 일이 아니기 때문이야. 창피하다는 이유로 깨끗한 물을 헛되이 버리는 걸 친구들은 어떻게 생각해?

Ⓐ ① 로마제국 시대(약 2000년 전) 로마 시대에 번성했던 도시는 상하수도를 갖췄을 뿐 아니라 수세식 화장실도 있었대!

3

기름 버리기를 기다렸지!

> 물과 기름 모두 액체인데, 물에 기름을 떨어뜨리면 어떻게 될까?
> ① 풀려서 섞인다 ② 서로 겉돈다 ③ 기름이 증발한다.

혹시 친구들의 엄마가 부엌 개수대에 쓰고 남은 기름을 버리려고 한다면 "잠깐!" 하고 소리쳐. 그 기름이 강과 바다로 흘러가면 많은 생물들을 괴롭히기 때문이야.

 알고 있니?

- 자연은 스스로 깨끗해지는 힘이 있어. 이걸 '자정 능력'이라고 하는데, 강과 바다에 사는 크고 작은 생물들이 더러운 물질을 먹어 치워 분해하는 덕분이야. 그런데 오염된 양이 너무 많으면 '더 이상 못 먹겠어!'라며 힘들어해. 그렇게 되면 물은 자꾸 더러워지겠지.
- 우리나라에서는 하루에 약 2300만 톤의 오폐수가 발생해. 이 가운데 생활하수가 약 1600만 톤으로 가장 많다고 해. 생활하수는 전체 수질오염의 70퍼센트를 차지하는데, 설거지, 씻기, 빨래하기, 화장실에서 물 내리기 등 날마다 생활하면서 나오는 거야.
- 특히 물을 더 오염시키는 것은 부엌에서 나오는 음식물 쓰레기인데, 미생물의 먹이가 되는 '유기물'을 많이 품고 있기 때문이야. 미생물은 먹이를 먹을 때 물속의 산소를 많이 써서, 미생물이 지나치

게 늘어나면 물고기에게 필요한 산소가 부족해져. 음식물을 강에 버리면서 물고기가 살 수 있는 수질로 되돌리려면 엄청나게 많은 물이 필요해.

 우리가 할 수 있는 일

- 오염 원인을 만들지 않는 가장 확실한 방법이 있어. 바로 음식을 남기지 않는 거야. 국은 마지막 한 숟가락까지 먹고, 간장과 소스는 먹을 만큼만 뿌려. 음, 할 수 있겠지!
- 아무리 깨끗이 먹어도 카레나 햄버거 같은 음식은 기름기가 접시에 남아. 기름기를 씻어 내려면 세제가 많이 드는데, 세제도 물을 오염시키니 가능하면 조금만 쓰자. 그릇에 남은 기름기는 먼저 종이로 닦은 다음에 씻기로 해. 볶거나 튀기고 남은 기름은 절대로 하수구에 버리지 말고 신문지로 닦아서 일반 쓰레기로 내놓는 게 좋아.

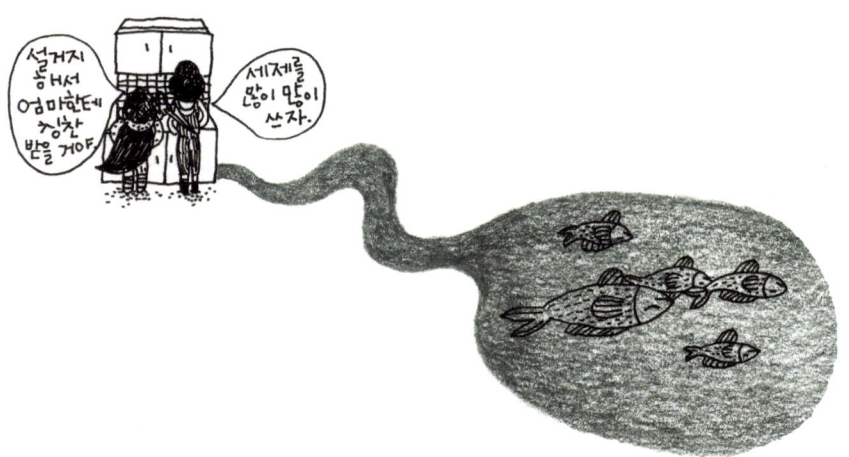

Ⓐ ② 서로 겉돈다   물과 기름은 서로 겉돌기 때문에 같이 버리면 기름이 그대로 남아 있어. 그래서 강이나 바다로 흘러가면 오염원이 되고 물고기한테도 나빠.

물고기가 살 수 있는 수질로 되돌리는 데 필요한 물의 양은?

쓰고 남은 튀김 기름(20밀리리터) = 욕조 20개

마요네즈 한 숟가락 = 욕조 13개

우유 한 잔 = 욕조 11개

된장국 한 그릇 = 욕조 4.7개

조림 국물(100밀리리터) = 욕조 3.3개

 내 손으로 해봐요

물을 깨끗이 하는 세척제 만들기

하수도에서 퀴퀴한 냄새가 올라오는 때가 있잖아. 이건 냄새를 풍기는 미생물 짓이야. 그렇다고 시중에서 파는 탈취제나 세제를 많이 쓰면 강물이 오염되지. 우리가 직접 환경에 좋은 미생물 효소 이엠(EM)을 만들어 보자.

준비물

쌀뜨물 1.4리터 • 흑설탕(당밀) 15그램 • 이엠(EM) 원액 15밀리리터 • 소금(천일염) 1/2티스푼

 만들기

1. 재료를 섞어 병에 담은 뒤 마개로 단단히 막아. 그리고 20도 이상 되는 따뜻하고 빛이 들지 않는 곳에 일주일 동안 둬. 당밀을 넣으면 소금은 넣지 않아도 돼. 겨울에는 미지근한 쌀뜨물을 써야 해.

2. 일주일이나 열흘쯤 뒤에 열었을 때 향긋하면서 시큼한 냄새가 나면 성공한 거야. 나쁜 냄새가 나면 실패!

3. 한번 뚜껑을 열었으면 빨리 써야 해. 뚜껑을 열지 않았다면 오랫동안 둬도 괜찮아.

 **사용법**

▶ 하수구, 개수대, 쓰레기통, 냉장고, 변기 등에 이엠(EM)을 뿌려 두면 냄새가 사라져.

▶ 빨래할 때 세제와 함께 사용하면 때가 잘 빠질 거야.

▶ 300배 희석해서 옷장에 뿌려 두면 벌레도 생기지 않고 냄새도 사라진대.

 깨끗해지는 비밀

이엠(EM)은 'Effective Micro-organism'의 머리글자를 딴 약자로 '유용한 미생물'이란 뜻이야. 이엠(EM)에는 효모, 유산균, 누룩, 광합성 세균, 방선균 등 80여 종의 미생물이 있어 나쁜 냄새를 없애고 물을 깨끗하게 해. 사람은 오래전부터 이런 미생물들을 식품을 발효시킬 때 이용해 왔어. 그러니 이엠(EM) 효소를 쓰면 쓸수록 강과 바다가 깨끗해져. 자세하게 소개하는 웹사이트가 있으니까 한번 들어가 봐.

이엠(EM)센터 http://www.emcenter.or.kr/

세제는 지구를 더럽힐까?

> 비누는 무엇으로 만들까?
> ① 속돌 가루 ② 수세미 성분 ③ 동식물에서 뽑은 기름

날마다 쓰는 비누와 세제. 옷, 그릇, 우리 몸까지 뭐든 깨끗하게 닦아 주지만 지구를 더럽힌다니 정말일까?

 알고 있니?

- 비누와 세제는 모두 물과 기름을 잘 섞이게 하는 '계면활성제'가 주성분인데, 나머지 재료와 만드는 법은 서로 달라. 비누는 자연에서 분해되기 때문에 가장 권할 만해. 그래도 너무 많이 쓰면 좋지 않아. 강과 바다에 유기물이 늘어나기 때문이야.
- 우리가 세제라고 하는 것은 정확하게는 '합성세제'를 말하는데, 약 60년 전부터 쓰기 시작했어. 합성세제의 계면활성제는 석유나 알코올로 만들어. 거기다 때가 잘 빠지라고 효소나 표백제 같은 화학물질도 넣지. 그런데 화학물질은 자연에서 분해되기 어렵고 생물에게 유해한 성분도 많아.
- 비누와 합성세제를 섞은 '복합세제' 역시 자연에서 완전히 분리되

 ③ 동식물에서 뽑은 기름 동식물의 기름으로 만든 비누는 물과 기름에 모두 잘 풀리기 때문에 기름때 성분을 분해하는 거야.

기는 어려워. 말 나온 김에 덧붙이면, 샴푸나 보디샴푸도 비누, 합성세제, 복합세제 세 종류가 있다니까 앞으로는 잘 보고 골라 쓰기로 해.
- 1977년 5월 일본 시가현의 비와호에 적조가 발생했어. 식물성 플랑크톤이 비정상적으로 늘어 물고기들이 대량으로 죽었지. 시가현은 합성세제와 비료에 들어가는 인 성분이 원인이라고 보고 합성세제 쓰는 걸 금지했어. 우리나라에서는 1988년부터 합성세제에 인을 넣지 않는대.

우리가 할 수 있는 일

- 물컵은 세제를 쓰지 않아도 돼. 비누든 세제든 가능하면 안 쓰는 게 환경에 가장 좋아.
- 비누나 세제는 적당량이 있고, 물 온도나 어떻게 쓰느냐에 따라 때가 빠지는 것도 달라진대. 주의사항이나 설명서를 잘 읽어 보자.
- 탄산수소나트륨(중조)이나 구연산에 대해 아니? 빵을 부풀게 하는 데 쓰이는 탄산수소나트륨은 아주 훌륭한 세척제야. 레몬처럼 신맛을 내는 구연산은 소독하고 냄새를 없애는 전문가지. 둘 다 비누와 세제가 없던 시대부터 쓰였고 지금도 슈퍼마켓에서 살 수 있어.

한번 해 봐

작은 바다를 만들어 비누와 합성세제를 비교해 보자.

1. ㉠과 ㉡ 컵 두 개에 각각 물 100밀리리터와 소금 반 숟가락을 넣고 섞는다. 물은 반드시 하루 전에 받아 둔 수돗물을 쓴다. 그러면 바다 완성!

2. ㉠에는 부엌용 합성세제를 넣고 ㉡에는 비누를 조금 넣는다.

3. 둘 다 잘 섞는다. 어떻게 될까?

강에서 놀아 보자

> 우리나라에서 처음 수영장이 생긴 곳은 어디일까?
> ① 호텔   ② 학교   ③ 유원지

옛날에는 강과 개울, 저수지 등에서 노는 아이들이 많았어. 불과 20년 전에는 한강에서도 아이들이 멱을 감고 놀았지. 물고기가 있어 낚시도 할 수 있었어. 강은 아이들이 모이는 곳이었단다. 여기서 자연의 규칙, 친구들과 노는 규칙을 배웠지. 하지만 언제부터인지 그런 모습은 사라져 갔어. 왜 그럴까?

 알고 있니?

- 우리나라에 텔레비전 같은 가전제품과 자동차가 들어오기 시작한 것은 30~40년 전이야. 빨래는 합성세제를 넣어 세탁기로 돌리면서 강으로 세제가 흘러 들어갔고, 가전제품과 자동차를 만드는 공장의 폐수도 강으로 흘렀지. 화학비료와 농약도 뿌리기 시작했는데 이 역시 강으로 흘러가면서 전국의 강이 오염되어 갔어. 강은 더 이상 놀 수 없는 곳으로 바뀐 거야.
- 공사도 시작되었어. 홍수를 막겠다고 굽이진 강을 곧게 만들었고, 강기슭만 아니라 바닥까지 콘크리트로 딱딱하게 발라 버렸지. 그러자 더 이상 식물들이 살기 힘들어졌고, 다른 생물들도 살 수 없

게 되었어. 그런 강이 자꾸 늘어나자 어른들이 말했지.
"위험하니까 강에 가까이 가지 마라!"

- 김해시 상동면을 흐르는 대포천은 1970년대까지는 맑고 깨끗했어. 그런데 70년대 뒤로 하천 주변에 돼지 사육 농장과 600개가 넘는 공장이 들어서면서, 공업용수로도 사용할 수 없는 더러운 강이 되어 버렸지. 그러다 1993년, 이곳에 사는 주민들이 '물 맑은 상동면 만들기' 모임을 만들었어. 가정과 농가, 공장에서 꾸준히 노력한 결과 1급수 하천으로 바뀌었대. 지금은 버들치와 갈겨니 같은 물고기도 살고 있어. 우리의 노력으로 강은 얼마든지 깨끗해질 수 있다는 사실이 전국에 퍼지면서 보고 배우려는 사람들이 늘어난다고 하니, 반가운 소식이지?

 우리가 할 수 있는 일

- 우리도 강에 가자! 무엇을 찾아낼지 참 기대되지? 하지만 강에는 위험한 곳도 많으니까 꼭 집에다 말하고 아주 조심해서 놀아야 해.
- 각 지역마다 강에서 벌이고 있는 활동에 참가해 보자. 시청이나 구청에 직접 문의해도 되고 시청 웹사이트에서 확인할 수도 있어.

Ⓐ ① 호텔 1963년 서울 워커힐 호텔에 처음으로 수영장이 생겼어. 그런데 길이가 고작 23미터에 불과한 놀이 시설이었지. 몇 년 뒤 1967년에 서울 종로구 YMCA에 실내수영장이 생겼는데, 사람들이 정말 신기해했어. 그때만 해도 모두 강이나 개울에서 멱을 감았으니까.

바다는 쓰레기통이 아니에요

바다거북이 해파리로 착각해 먹어 버리는 건 무엇일까?
① 우무   ② 올챙이   ③ 비닐 봉투

바닷가로 밀려오는 것 – 조개껍데기에 해조, 나뭇조각, 먼 나라에서 흘러온 야자열매. 어? 페트병에 비닐 봉투, 달걀 담는 통도 있네! 이거 완전 쓰레기통 아냐?

 알고 있니?

- 9월 19일은 '국제 연안 정화의 날'이야. 이날 전 세계 100여 나라에서 온 자원봉사자 50만 명은 바닷가 주변의 쓰레기를 청소해. 왜 이런 날이 만들어졌을까? 당연히 바닷가에 쓰레기가 넘쳐 나기 때문이야. 부산 녹색연합은 한 달에 한 번 부산 다대포 앞바다에 나가 쓰레기를 치우는데, 2005년 2월부터 2007년 8월까지 조사해 보니 페트병, 비닐 봉투 같은 플라스틱 쓰레기가 가장 많았대. 종이, 금속, 스티로폼이 그 뒤를 이어. 이 쓰레기들은 대부분 우리가 생활하면서 버린 것들이야.

- 바다 쓰레기의 대표라 할 수 있는 플라스틱은 가볍고 튼튼해 우리 생활에서 뺄 수 없는 편리한 물건이야. 하지만 나무와 종이와 달리 썩지 않아 흙으로 돌아갈 수 없어. 휙 던져 버리면 이 지구 어딘가

에 영원히 남는 거야.

- 사람이 버린 쓰레기 때문에 생물들이 괴로워하고 있어. 플라스틱 조각을 먹이로 착각해 삼키는 새와 물고기가 늘고 있지. 또 플라스틱 고리에 몸이 끼어 버린 물개, 낚싯줄에 둘둘 말린 바다거북도 발견되었어.
- 바닷가에서는 다른 나라 글자가 쓰인 쓰레기도 발견돼. 바다는 이어져 있기 때문이야.

 우리가 할 수 있는 일

- 무심코 버린 쓰레기가 바람에 날려 강으로 떠내려가 먼 외국까지 흘러가기도 해. 가까운 사람이 담배꽁초나 쓰레기를 함부로 버리려고 하면 꼭 이 얘기를 해 주기야.
- 바다 가까이에 사는 친구라면 지역 환경 단체에서 바다 쓰레기를 줍는 활동을 함께할 수 있어. 다만 바닷가에는 약품이 남아 있는 용기나 주사기 등 위험한 물건이 발견되기도 하니 수상한 걸 보면 만지지 말고 어른들에게 알려야 해.

ⓐ ③ 비닐 봉투 거북이는 바다까지 밀려온 비닐 봉투를 해파리라 착각해 먹기도 하는데, 이 경우 비닐이 소화되지 않고 배 속에 쌓여 죽는대.

갯벌에서 모이자

순천만 갯벌에서 볼 수 있다는 짱뚱어는 뭘까?
① 장동어라는 박사 이름 ② 펄떡펄떡 뛰는 물고기
③ 작달막하다는 뜻의 사투리

여기는 갯벌입니다. 봄이면 사람들이 몰려드는데, 오늘은 물떼새가 먹이를 먹으러 내려앉았습니다. 물떼새에게 한마디 들어 보겠습니다.
"우리는 여름이면 알래스카같이 추운 나라, 겨울에는 동남아시아나 오스트레일리아 근처의 따뜻한 나라에서 지내요. 편도 1만 킬로미터가 넘는 먼 거리를 날기 때문에 중간에 쉬어야 하지요. 그런데 요즘은 쉴 곳이 너무 많이 줄어들어 힘들어요."

 알고 있니?

- 갯벌에는 온갖 종류의 다양한 물새들이 드나들어. 특히 머나먼 나라에서 오는 철새들한테는 지친 몸을 쉬고 영양을 보급할 수 있는 아주 중요한 쉼터야. 장거리 대표 선수인 물떼새나 도요새는 갯벌에서 실컷 먹고 쉬면서 평소 몸무게 두 배까지 살을 찌운대. 갯벌에는 먹이가 풍부한 걸까?
- 갯벌은 강과 바다가 만나는 곳으로, 숲 등이 있는 상류에서 풍부한 영양분이 강물에 실려 와. 해조류 같은 식물을 조개, 갯지렁이가

먹고, 다시 게와 물고기가 이들을 먹지. 또 밀물과 썰물로 하루 두 번 바다가 바닥을 드러내기 때문에 생물에게 필요한 산소도 충분해. 이처럼 갯벌은 무척 살기 좋은 곳이야.

- 온 세계 사람들은 힘을 모아 물새와 바다를 지키려고 생각했고, 1971년에 국제적인 약속인 '람사르협약(특히 물새 서식지로 국제적으로 중요한 습지에 관한 조약)'이 이루어졌어. 1997년에 대암산 용 늪을 람사르 습지 목록에 등록하면서 101번째로 참여한 우리나라는, 2008년에 창녕군 우포 늪에서 제10차 람사르 협약 당사국 총회를 열었단다.

- 우리나라 습지 가운데 람사르 습지 목록에 등록된 곳은 어디일까? 먼저 앞에서 말한 대암산 용 늪과, 우포 늪이 있어. 그리고 신안 장도 습지, 순천만·보성 갯벌, 물영아리 오름, 두웅 습지, 무체치 늪, 무안 갯벌, 오대산국립공원 습지, 강화 매화마름 군락지, 물장오리 오름, 제주 1100고지 습지, 서천 갯벌, 고창·부안 갯벌이 있단다. 정말 많지? 모두 우리가 잘 지켜야 할 소중한 곳들이야.

- 우리나라 서해안과 남해안은 갯벌이 발달했어. 그런데 농경지나 산업 단지를 만들기 위해 흙으로 메우면서 갯벌은 많이 사라졌어. 1987년에 3203.5제곱킬로미터였던 갯벌은 2008년에는 2489.4제곱킬로미터로 줄었지. 그 가운데 새만금간척사업은 가장 넓은 범위의 갯벌을 사라지게 했어. 최근 5년 동안 여의도 면적의 약 21배가 되는 갯벌이 사라졌대.

Ⓐ ② 펄떡펄떡 뛰는 물고기 짱뚱어는 썰물 때 갯벌 구멍에서 나와 가슴지느러미로 기고 걸으며 펄떡펄떡 뛰는 물고기야. 정말 재미있으니 꼭 한번 보면 좋겠어.

- 우리나라 최초로 갯벌 습지 보호 지역과 갯벌 도립공원으로 지정되었고, 순천 갯벌에 이어 두 번째로 람사르 습지에 등록된 무안 갯벌. 이곳에서는 노랑부리저어새, 알락꼬리마도요, 흰물떼새 같은 새와 짱뚱어, 말뚝망둥어를 만날 수 있어. 칠게, 농게 같은 게들도 많이 보이지. 그런데 1992년 이곳을 메워 공장을 만들려는 영산강 간척 사업이 발표되면서 소중한 갯벌이 사라질 뻔했어. 다행히 주민들은 힘을 모아 간척 사업을 반대했고, 결국 취소되었다고 해.

 **우리가 할 수 있는 일**

갯벌에 사는 생물들을 살펴보자.

1. 갯벌 표면의 구멍을 파 봐. 누가 있을까?

2. 아이스크림같이 생긴 덩어리를 찾아봐! 이건 갯지렁이 똥이야. 더러운 걸 먹어 치우고 남은 찌꺼기로, 갯벌에서 가장 깨끗한 모래란다.

3. 발자국을 찍는 물떼새를 찾아봐! 여기서 비틀, 저기서 비틀거리는 발자국이 있을 거야. 물떼새가 먹이를 잡기 위해 일부러 비틀거리며 만든 발자국이지. 실물을 찾아봐.

2장 숲과 동물을 지키자

지구, 이제 46억 살.
몸 한가운데에서 마그마 심장이 두근두근 뛰고 있어.
쉴 새 없이 흐르는 물이 혈관처럼 지표를 에워싸 몸속 생물들을 키워 내지.
······지구는 살아 있어!

지구가 아직 20억 살이었을 무렵
맨 처음 등장한 것은 식물의 할아버지뻘 되는 생물이었어.
그것이 지구를 덮은 이산화탄소를 빨아들이며 그때까지 없던 것을 만들어 냈어. 바로 산소야.

지구에 산소가 넘쳐 나자
산소를 이용해서 이산화탄소를 만드는 생물들이 하나둘 태어났어.
숲이 산소를 내쉬면 생물이 산소를 들이마시고
생물이 이산화탄소를 내쉬면 숲이 이산화탄소를 들이마시고······
지구가 숨을 쉬기 시작한 거야.

숲은 지구의 물 흐름도 맡고 있어.
땅속뿌리로 물을 듬뿍 머금었다가 조금씩 지하수와 강으로 내보내.

큰비가 내려도 홍수가 나지 않고
비가 내리지 않아도 강에 물이 흐르는 건 숲 덕분이야.
숲은 초록빛 댐이야.

숲이 있기 때문에
살아 있는 모든 생명은 끊이지 않고 이어지고
생물들이 활기차게 살아가기에 숲은 더욱 울창해져.
이렇게 숲과 생물들은 더불어 살아가는 거야.

지금 지구에서는
1초마다 테니스 경기장 아홉 배 넓이의 숲이 사라지고 있어.
숲과 더불어 살아온 생물들도 20분에 한 종씩 멸종하고 있지.

그렇지만 아직 늦지 않았어.
지구가 기운을 되찾도록
친구들도 할 수 있는 일이 있어.
숲과 동물을 지켜 내는 거야.

8

하이킹을 떠나자!

우리나라의 삼림률(나라에서 숲이 차지하는 비율)은 세계에서 몇 위일까?
① 4위   ② 10위   ③ 100위

논과 밭, 졸졸 흐르는 개울물은 옛날부터 우리나라 시골 어디서나 볼 수 있는 풍경이야. 주변을 돌아봐. 아마 잡목림이나 작은 숲이 있을 거야. 시골 산은 여러분 할아버지의 할아버지, 또 그 전 할아버지 때부터 소중하게 지켜 온 자연이야.

 알고 있니?

- 석유, 가스, 전기가 없었을 때는 땔나무와 연탄으로 밥을 짓고 방을 데웠어. 사람들은 언제든 나무를 구할 수 있도록 산기슭에 자그만 숲을 만들어, 잘 타는 상수리나무나 졸참나무 같은 넓은잎나무를 심고 가꾸며 땔감으로 썼어.

- 논밭과 마찬가지로 이 숲도 사람들이 돌봐야 해. 잡초를 뽑고, 가을에는 낙엽을 긁어 주고 숲이 너무 우거지면 군데군데 가지를 베어 해가 잘 들게 했지(이것을 간벌이라고 해). 덕분에 숲에는 언제나 햇빛이 들었고, 다른 식물이 살기 시작했어. 이것이 잡목림이야.

- 계절마다 거두는 산나물과 버섯, 나무 열매, 거기에 모이는 산새나

동물도 사람들에게 좋은 양식이 되었어. 게다가 낙엽은 논과 밭에 좋은 비료가 돼.

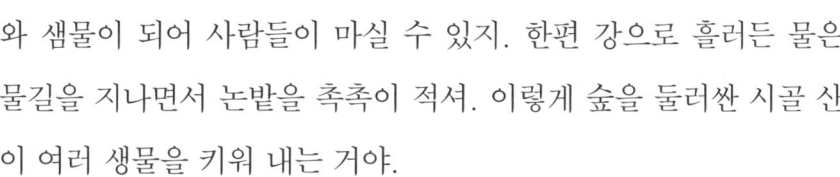

- 스펀지처럼 폭신폭신한 숲의 흙은 빗물을 머금고 있어. 그 물은 오랜 시간에 걸쳐 지하수와 샘물이 되어 사람들이 마실 수 있지. 한편 강으로 흘러든 물은 물길을 지나면서 논밭을 촉촉이 적셔. 이렇게 숲을 둘러싼 시골 산이 여러 생물을 키워 내는 거야.
- 지금 우리나라에서 멸종 위기에 놓인 동식물은 221종이야. 1993년에는 179종이었다는데 그 사이 꾸준히 늘어난 것이지. 산에는 멸종 위기 동식물이 많이 살고 있어. 옛날부터 지켜 온 산이지만 우리가 더 잘 알고 이어 나가면 좋겠어.

 우리가 할 수 있는 일

- 뒷산에 올라가 보자. 자연과 숲을 알기 위해서는 먼저 좋아하고 즐겨야 해.
- 숲에서 탐정 놀이를 하는 거야. 동물과 만나지 못해도 생물이 있다는 증거는 여기저기 굴러다니고 있어. 발자국이나 똥, 먹다 만 나무 열매, 벌레 허물……. 흙덩이처럼 보이는데 동물의 집이기도 해. 재미있는 걸 잔뜩 찾아서 그려 두고 나중에 조사해 봐.

Ⓐ ① 4위 국토의 약 64퍼센트가 삼림인 우리나라의 삼림률은 세계에서 네 번째야. 핀란드(약 74퍼센트), 일본(약 68퍼센트), 스웨덴(약 67퍼센트) 다음이지.

9

힘내라! 숲의 청소부

'숲의 청소부'라 불리는 것은?
① 흰개미   ② 코끼리   ③ 오소리

숲에서는 많은 생물들이 서로 먹고 먹히면서 살아가고 있어. 흙 속은 더 분주해. 지네, 지렁이, 공벌레 그리고 진드기랑 곰팡이……. 이들이 바로 숲의 쓰레기를 치우는 영웅들, '숲의 청소부'야.

 알고 있니?

- 숲에 사는 생물들의 똥이나 죽은 생물들은 어디에 있을까? 가을마다 떨어지는 엄청난 낙엽들은 다 어디로 간 거야? 비료도 안 주는데 식물들은 어떻게 이렇게 건강하지? 짜잔! 숲의 청소부들이 생물들의 똥과 죽은 생물, 낙엽들을 먹어 치워서 흙으로 되돌리는 거야.
- 청소부들은 저마다 몫이 따로 있어. 먼저 갉아 먹고 헤쳐 놓는 청소부들. 낙엽을 먹는 공벌레, 똥을 좋아하는 말똥구리, 죽은 생물체는 나한테 맡기라는 지네! 그 가운데 가장 부지런한 청소부는 지렁이야. 낙엽 등을 흙과 함께 통째로 먹고 똥을 누고 또 먹고 똥을 누고 쉴 새 없이 흙 속을 돌아다녀. 그 덕에 숲의 흙은 빗물과 공기가 통하기 쉽고 부드러워져.

- 다음 차례는 미생물로, 물질을 썩혀서 분해시켜. 실 모양 곰팡이, 원이나 막대기 모양인 세균(박테리아), 버섯도 낙엽이나 죽은 생물체에서 영양분을 얻고 살아. 여기서 질문 하나 할게. 숲의 흙 한 숟가락에는 얼마나 많은 생물이 살아 있을까? 무려 1억 마리야.
- 숲의 청소부들이 열심히 일해 만든 것이 영양이 듬뿍 든 흙 '부엽토'야. 부엽토가 1센티미터 쌓이기까지 무려 100년이 걸린대. 청소부들은 늘 숲 어딘가에서 천천히 꼼지락거리며 일을 해 나가고 있어.
- 아직 끝이 아니야. 부엽토는 숲 식물에게 귀한 영양분이 돼. 식물이 숲 속 생물을 살리면 다시 돌고 돌아 이 생명들이 식물을 살게 해 주는 거야.

Ⓐ ① 흰개미 나무를 먹는 것으로 알려진 흰개미는 숲 속의 마른나무를 먹어 치워.

10

나무를 심자

> 봄이 되면 활짝 피어나는 꽃들. 강에 떨어져 내린 꽃잎은 어디로 갈까?
> ① 잉어나 물새 먹이가 된다   ② 하수장에서 처리된다
> ③ 바다로 흘러간다

숲에 사는 커다란 곰부터 눈에 보이지 않는 미생물까지 모두가 이어져서 살고 있어. 먹고 먹히며 서로에게 도움이 되지. 사실 숲이 가진 힘은 생각보다 강해. 일찍이 그걸 깨달은 사람이 있어.

 알고 있니?

- 일본의 미야기현 게센누마 만에서 굴 양식을 하는 하타케야마 시게아쓰 씨는 20년 전부터 동료 어부들과 함께 산에 나무를 심고 있어. 왜 어부들이 나무를 심느냐고 이상하게 생각할 거야.
- 하타 굴은 하루에 약 200리터나 되는 바닷물을 빨아들여 그 속에 있는 식물 플랑크톤을 먹고 자라. 그래서 굴은 그저 바다에 두기만 해도 쑥쑥 자라지. 사건이 벌어진 건 40여 년 전이야. 적조가 발생해 굴이 모두 시뻘겋게 변해 버렸어. 적조의 정체는 오염된 바다에서 발생하는 플랑크톤의 한 종류였어. 하타케야마 씨는 왜 바다가 심하게 오염되었을까 고민했어.

- 그 이유가 강과 관계 있다고 생각한 하타케야마 씨는 게센누마 만으로 흘러오는 오가와 강을 따라 걸어 보았어. 매립된 갯벌, 콘크리트 위로 흐르는 강, 많은 쓰레기. 농약과 제초제 때문에 논밭에 생물이라고는 눈 씻고 찾아봐도 없었지. 강은 완전히 죽어 있던 거야.

- 그래서 강이 시작되는 산까지 올라갔어. 그곳에 펼쳐진 삼나무 숲을 본 순간 하타케야마 씨는 탁 손뼉을 쳤어. 옛날부터 맛있는 생선이 잡히는 곳에는 강이 있어. 그리고 상류에는 반드시 넓은잎나무들이 있지. 겨울에 떨어진 나뭇잎이 부엽토가 되어 강을 지나고 바다까지 흘러와 식물 플랑크톤의 먹이가 돼. 그래, 숲은 바다 생물도 키우는 거야. 나뭇잎이 떨어지지 않는 삼나무는 부엽토를 만들기 어려워. 이렇듯 숲에서 양분을 받지 못한 것도 적조가 생긴 원인의 하나였던 거야.

- 1989년, 하타케야마 씨는 '숲은 바다의 연인'이라는 표어를 걸고 여러 넓은잎나무를 심어 나갔어. 어부들이 나무를 심는 이유가 알려지자 강 유역에 사는 사람들도 점점 강에 대해 생각하기 시작했지. 세제를 덜 쓰고, 농약도 쓰지 않았어. 이렇게 해서 게센누마 만은 조금씩 깨끗해졌어. 이 활동이 전국으로 퍼져, 지금은 일본 200여 곳의 바다와 숲에 사는 사람들이 나무를 심고 있대.

③ 바다로 흘러간다 하수구로 떨어지면 하수처리장으로 가겠지만, 강으로 떨어진 꽃잎은 그대로 바다까지 흘러간대.

 **우리가 할 수 있는 일**

- 친구들도 숲에 나무를 심어 봐! 지역에서 '나무 심기'를 하는지 궁금하면 관공서에 물어보면 돼. 관공서, 환경 단체, 기업 등이 나름대로 이런 활동을 벌이고 있어. 숲 해설가들에게 설명을 듣고, 숲에서 노는 법도 배우며 숲의 생물들과 만나는 기회가 될 거야.

11

숲을 지키는 재생 종이

 우리나라 사람 한 명이 1년 동안 쓰는 종이는 얼마나 될까?
① 약 10킬로그램   ② 약 100킬로그램   ③ 약 150킬로그램

나무를 함부로 잘라 내는 사람들을 보면 기분이 어떨까? 소중한 나무를 베다니 화가 날 것 같지? 그럼 종이를 많이 쓰는 사람들을 보면 어떠니? 나무로 만들어지는 종이. 해마다 산업용으로 벌목되는 나무의 42퍼센트가 종이를 만드는 데 쓰이고 있어.

 알고 있니?

- 우리나라는 한 해 동안 보통 800만 톤의 종이를 쓰는데, 나무로 따지면 1억 3600그루라고 해. 80년을 산다고 가정하면, 평생 쓰는 종이의 양은 30년 된 나무 237그루와 같대. 정말 어마어마하지? 우리가 보는 신문 1년 치, A4 복사지 네 상자는 각각 30년 된 나무 한 그루에서 나오는 거래. 그렇다고 종이를 아예 쓰지 않을 수도 없고, 어떻게 해야 할까? 종이를 아껴 쓰는 것이 가장 좋은 방법일 거야. 그다음으로 나무를 베지 않고 종이 만드는 법을 찾는 거야. 그런 종이가 있냐고? 바로 재생 종이야!

A ③ 약 150킬로그램   우리나라 사람 전체가 쓰는 양은 어마어마하겠지?

- 재생 종이는 종이를 만들며 나오는 자투리 종이와 폐지로 다시 만들어 낸 종이야. 환경 단체 녹색연합에서 펴내는 월간지 《작은 것이 아름답다》는 1996년부터 재생 종이로 만들어지고 있어. 녹색연합은 재생 종이를 많이 쓰자는 운동을 하고 있는데, 2002년부터는 식목일 전날인 4월 4일을 '종이 안 쓰는 날'로 정해 실천하고 있어. 또한 '녹색출판 캠페인'을 벌여 출판사에 재생 종이를 쓰도록 권하면서, 2008년에는 교과서를 재생 종이로 만들자는 운동도 벌였지. 학생들도 힘을 보탠 결과 교육과학기술부는 2010년부터 중·고등학교 국정교과서를 재생 종이로 만들겠다고 결정했어. 여러 사람의 노력으로 요즘에는 재생 종이로 만들어진 공책, 복사지, 화장지 등을 쉽게 만날 수 있으니 여러분도 써 보면 어떨까?

 우리가 할 수 있는 일

- 폐지는 재생 종이의 재료가 돼. 그러니 종이는 다른 쓰레기와 나누어 버려야겠지?
- 종이 아껴 쓰기는 바로 숲을 지키는 길이야. 공책과 수첩은 다 쓴 뒤에 사도록 하자.
- 주변에서 재생 종이로 만들어진 제품에는 어떤 것이 있는지 찾아보고 직접 써 보자.

12

야생동물이 보내는 메시지

 아파트 베란다에 둥지를 짓고 새끼를 낳아 화제가 되었던 천연기념물은?
① 황조롱이   ② 비둘기   ③ 까치

 야생동물들이 한꺼번에 '못된 짓'을 시작했어! 농작물을 파헤치고 주택가에 와서 사람을 놀라게 하기도 해. 그런데 이게 정말 '못된 짓'일까? 동물들이 보내는 메시지라면?

 알고 있니?

- 2009년 11월 23일 춘천 도심에 멧돼지가 나타났어. 이 멧돼지는 시내에 있는 상가를 어슬렁거리다 사람들이 쫓아오자 고등학교 운동장을 지나 도망치면서 경찰 순찰차를 들이받았어. 결국 초등학교 운동장에서 마취 총에 잡혔지. 2010년 4월 1일에는 포항의 한 초등학교 운동장에 멧돼지가 나타나 체육 수업을 하던 아이들이 피하는 일도 있었어. 또 멧돼지가 도로로 뛰어들어 운전하던 사람과 멧돼지 모두 죽은 일이 일어나기도 했어.

① 황조롱이 황조롱이는 숲이 파괴되자 도시에 자주 나타나더니, 때때로 아파트 베란다에 둥지를 짓고 새끼를 낳기도 한대. 숲에서 사는 황조롱이가 도시에 적응해 가는 모습이 좀 슬프지 않니?

- 본디 야생동물은 사람이 사는 곳에는 가까이 다가가지 않아. 산이나 숲에서 너끈히 살 수 있기 때문이야. 그런데 사람들이 산과 숲을 댐이나 도로로 바꾸어 버렸어. 산과 숲에는 많은 동물들이 살고 있는데 말이야.
- 사람과 야생동물의 삶을 구분하는 경계가 없어진 영향도 커. 경계선 역할을 한 것이 논밭과 산이야. 동물들은 농사를 짓거나 풀을 베는 등 사람 손이 닿는 곳에 가까이 가지 않아. 몸을 가릴 덤불이 없기 때문이야. 그런데 농사를 짓는 사람들이 나이를 먹자 이를 관리하는 사람이 없어졌어. 농촌을 떠나는 젊은이들이 늘어났기 때문이야. 지금 많은 논밭과 산이 황폐해져 덤불로 바뀌고 있어.
- 2008년에 전국 고속도로에서 차에 치여 죽은 포유동물은 3000마리가 넘는다고 해. 여기에 개구리와 새 등을 합하면 더 많겠지. 동물이 원인이 된 교통사고도 늘고 있어. 그나마 다행인 건 이를 걱정하는 사람들이 힘을 모으기 시작했다는 사실이야. 고속도로에 동물 전용 길인 동물 이동 통로를 만들어, 사람이 길을 만드느라 끊어 놓은 동물의 길을 다시 이어 주고 있지. 또 동물들이 차가 다니는 길로 넘어오지 못하도록 울타리도 만들고 있어. 하지만 더욱 중요한 것은 동물을 대하는 마음가짐이야. 동물이 사람한테 온 게 아니야. 사람이 동물의 터전으로 들이닥친 거지. 그러니 우리는 더욱 야생동물의 삶에 대해 생각해야 해.

우리가 할 수 있는 일

- 산에 가니 귀여운 야생동물의 새끼가 이쪽을 보고 있어. 먹이를 던져 주고 사이좋게 지내고 싶어도 참아야 해. 한번 사람이 먹는 음식을 맛본 야생동물은 그 맛을 찾아 사람이 사는 곳으로 다가가기 때문이야.
- 산에서 음식을 먹었다면 쓰레기는 전부 가지고 돌아오자. 야생동물이 '여기 오면 먹이가 있다.'고 생각하게 하면 안 돼!

13

외국에서 들여온 동물을 버리지 말자

 원래 우리나라에 없었는데 외국에서 들어와 살고 있는 생물은 얼마나 될까?
① 50종 ② 100종 ③ 600종 이상

지금 우리나라에 사는 생물 가운데 애초 우리나라에 없던 것이 있어. 다른 나라에서 들여왔거나 모르는 사이에 배나 짐 등에 붙어 오기도 하지. 이렇게 사람에 의해 들어온 생물을 '외래종(도입종)'이라고 해. 자연 속에 외국에서 들어온 생물이 섞이면 여러 문제가 생겨.

 알고 있니?

- 자연계 생물들은 오랜 시간에 걸쳐 복잡하게 얽혀 저마다 역할을 주고받으며 더불어 살아왔어. 서로 먹고 먹히면서 균형을 이루어 온 거야. 그런데 갑자기 외래종 생물이 나타난다면 어떻게 될까?
- 청거북은 북아메리카에서 들여와 우리나라 강과 연못에 살게 되었어. '붉은귀거북'이라고도 하는데, 어릴 때는 작고 귀엽지만 25센티미터까지 자라기도 해. 사람들이 청거북을 강이나 연못에 버리면서 토종 거북의 수가 줄어 버렸어. 청거북에게 먹이와 살 곳을 빼앗겼기 때문이야. 그렇지만 나쁜 건 청거북이 아니야. 나쁜 건 바로 사람이지.

우리가 할 수 있는 일

- 동물을 파는 가게에는 외국에서 온 신기한 동물이 많이 있어. 황금색으로 빛나는 하늘가재나 색이 화려한 열대어……. 보고 있으면 키우고 싶어지지. 하지만 만약 키울 거라면 평생 돌볼 각오가 되어 있어야 해.

- 갖고 싶어 하는 사람이 많아지면 그 생물을 팔기 위해서 더 많이 잡게 돼. 설사 그것이 멸종 위기에 놓였다고 해도 말이야. 그러니 귀한 생물, 멸종 위기 생물은 키우지 않는 게 좋겠지.

- 그럼 외래종이 아닌 토종 생물이라면 자연에 풀어 줘도 될까? 예를 들면 부산보다 남쪽에서만 사는 투구벌레가 있다고 쳐 보자. 이것을 속초에 풀어 주면 그곳의 생태계 역시 무너져. 여름방학에 할머니 댁에 가서 잡은 곤충들도 쭉 돌보지 못할 거라면, 원래 있던 곳에 놓아주는 게 그 생물과 자연을 위하는 길이야.

Ⓐ ③ 600종 이상 2007년 정보에 따르면 알려진 것만 600종이 넘는다고 해. 아직 발견되지 않은 것도 있을 테니 엄청난 수가 되겠지.

14

멸종 위기에 놓인 동물을 돕자

지구에서 마지막 한 마리가 남은 동물은?
① 일본 늑대   ② 멕시코 회색곰   ③ 핀타섬 땅거북

 알고 있니?

- 세계에 200종이 넘었다는 바다거북도 지금은 겨우 일곱 종이 남아 있어. 우리나라 연안에도 이따금 모습을 드러내는 바다거북이 있어. 붉은바다거북을 포함한 세 종이 우리와 가까운 일본에서 알을 낳는다고 해. 부화한 붉은바다거북은 해류를 타고 멕시코 바다까지 떠내려간 뒤 약 20년 뒤에 일본에 돌아가 알을 낳아. 일본 아카시 해안에는 옛날부터 많은 붉은바다거북이 알을 낳았다고 해. 하지만 바다를 메우는 등 개발이 되면서 모습을 감추었어.

- 그런데 붉은바다거북은 1986년 바다를 메운 땅에 다시 모래를 부어 만든 인공 바닷가에 다시 모습을 드러냈어. 이를 계기로 아카시 시민들의 보호 운동이 시작되었어. 해안 쓰레기를 줍고, 밤에는 불빛을 끄고 불꽃놀이도 삼갔지. 붉은바다거북이 바닷가에 오르거나 알을 낳을 때 방해가 되지 않을 방법을 마련해 함께 실천했어.

- 알을 모아 인공으로 부화시키기도 했어. 많은 사람들에게 생명의 소중함을 알리기 위해 붉은바다거북을 놓아주는 모임을 열기도 했

지. 하지만 최근에는 가능한 한 자연에 가까운 상태에서 도와주려고 애쓰고 있어. 사람 손을 탈수록 새끼 거북의 본능이 어긋나서 오히려 살아남을 확률을 낮아질 수 있다는 걸 알게 되었기 때문이야.

- 8월 12일 오후 9시 12분, 새끼 붉은바다거북 일흔세 마리가 차례차례 알을 깨고 땅으로 기어 나와 일제히 바다로 향했어. 그 결과 3일 동안 모두 여든아홉 마리의 새끼 거북이 바다로 돌아갔어.
- 붉은바다거북이 줄고 있는 가장 큰 원인은 '혼획'이라고 해. 혼획이란 물고기를 잡으면서 잡으려고 하지 않았던 생물까지 그물에 잡히는 것을 말해. 일본으로 가는 붉은바다거북은 약 2000마리인데, 해마다 약 500마리 정도의 붉은바다거북이 죽은 채 바닷가로 밀려온대.
- 우리나라에도 멸종 위기의 동물이 많아. 반달가슴곰, 족제비, 맹꽁이, 두루미 등을 비롯해 많은 동물들이 사라질 위험에 놓여 있지.

우리가 할 수 있는 일

- 환경부에서 운영하는 웹사이트 '한국의 야생동식물(http://nre.me.go.kr)'에 가면 멸종 위기에 놓인 우리나라 야생 동물에 대해 자세히 알 수 있어.
- 친구들이 사는 지역에 자연과 동물을 지키는 활동이 있다면 참가해 보자. 구청 등의 기관에서 정보를 가지고 있으므로 직접 물어보는 건 어떨까?

Ⓐ 없다 일본 늑대와 멕시코 회색곰은 이미 멸종. 갈라파고스 제도의 마지막 핀타섬 땅거북 '론섬 조지(외로운 조지)'는 2012년 6월에 세상을 떠났어.

15

오랑우탄을 구하라!

 지금 지구에서는 하루에 몇 종류의 생물이 멸종하고 있을까?
① 100종 ② 스무 종 ③ 한 종

말레이어로 '숲의 사람'이라는 뜻을 가진 '오랑우탄'은 이름 그대로 동남아시아 보르네오 섬과 수마트라 섬의 풍요로운 열대림에서 살고 있어. 100년 전에는 32만 마리나 되던 야생 오랑우탄이 지금은 3만 마리도 안 돼. 92퍼센트나 줄어든 거야.

 알고 있니?

- 보르네오 섬은 세계에서 가장 큰 꽃이 피는 라플레시아를 비롯해 난과 식충식물이 자라고, 세계에서 가장 큰 나방이 날아다녀. 나무에서 나무로 이동하는 동물들도 많지. 날다람쥐에 하늘다람쥐, 하늘을 나는 뱀까지 있어. 오랑우탄이 사는 숲이 상상이 가?
- 열대림은 보르네오 섬 말고도 남아메리카와 아프리카 대륙에 있는데, 1년 내내 따뜻하고 비가 많이 내려. 면적은 지구 전체의 7퍼센트 정도지만 지구 생물의 거의 절반이 넘는 종류가 이곳에 산다고 해. 사람들에게 발견되지 않은 생물도 있다니까 참 놀랍지.
- 열대림 개발은 지구 전체와 관계가 있는 문제야. 열대림이 지구에게는 정말 중요하기 때문이지. 1년 내내 나뭇잎이 우거진 열대림은

'지구의 허파'라고 불릴 만큼 아주 많은 산소를 만들어. 게다가 지구의 대기 상태를 완화시켜 줘. 식물이 뿌리로 빨아올린 물이 잎을 통해 증발될 때, 주변 공기의 기온이 올라가는 것을 막아 주거든.

- 오랑우탄이 사는 숲에 80년대부터 큰불이 나 많은 생물이 목숨을 잃었어. 이것도 나무를 대량으로 벤 것과 관계가 있어. 나무가 적어지며 공기가 잘 통하자 나무가 마르면서 불에 타기 쉬워진 거야.
- 오랑우탄은 '워싱턴 조약'으로 수출입이 금지된 동물이야. 그런데도 밀렵꾼들은 오랑우탄을 잡아 애완동물로 팔고 있어. 주로 어린 새끼들을 노리기 때문에 먼저 어미 오랑우탄을 죽여 버린대. 어미를 잃은 새끼 오랑우탄은 혼자서는 살 수 없어. 화재로 어미를 놓친 새끼도 있지. 오랑우탄 고아들을 야생으로 되돌리기 위한 재활 센터도 있지만, 지금은 돌아갈 숲조차 사라지고 있는 게 현실이야.

 우리가 할 수 있는 일

- 열대림은 먼 외국 이야기니까 우리와는 상관없다고? 아니야. 열대림으로 건물과 가구, 종이를 만들어. 또 야자기름(팜유)은 초콜릿과 아이스크림, 비누, 세제 등의 재료가 되지. 우리는 머나먼 나라에 사는 생물의 도움도 받으며 살아가는 거야.
- 세계자연보호기금은 세계의 동물과 자연을 보호하는 단체야. 세뱃돈을 이런 단체 활동에 내놓는 것도 좋은 생각이야.

Ⓐ ① 100종   아직 발견되지 않은 생물을 포함하여 20분에 한 종, 하루에 100종이 멸종하고 있대.

3장 먹을거리와 생태학

지금 세계 인구는 약 67억 5000만 명.
엄청난 기세로 늘어나고 있어 2050년에는 91억이 된다고 해.

사람이 늘어난다고 지구가 커지지는 않아.
땅을 논밭이나 목장으로 만드는 데도 한계가 있어.
그러니까 우리는 땅에서 얻은 먹을거리를
함께 나누며 살아가야 해.

슈퍼마켓이나 편의점에 가면 언제나
진열장에 넘치도록 먹을 게 쌓여 있어.
그러니까 영원히 바닥나지 않을 것처럼 생각해 버려.

하지만 지금도 인도, 중국, 아프리카 등 여러 나라에는
물과 음식이 모자라 굶고 목마른 사람이 많이 있어.

한편 너무 많이 먹고 살이 쪄서 병에 걸리는 사람도 있어.
먹을 수 있는 사람과 먹지 못하는 사람의 차이가
자꾸자꾸 벌어지고 있어. 왜 그럴까?

우리나라에는 농사를 지을 수 있는데도
버려진 논이 많은데 다 합치면 제주도만 한 넓이래!

그러면서 외국에서 많은 농산물을 수입하는데
많은 양이 남거나 버려지고 있어.
정말이지 아까워. 어떻게 할 수 없을까?

우리 몸을 이루고, 우리가 살아갈 수 있게 해 주는 음식은
지구가 준 선물.
그래서 먹기 전에는 '잘 먹겠습니다.' 라고 감사 인사를 하는 거야.
우리와 지구는 먹을 것으로 이어져 있어.

그렇다면, 잠깐 상상해 봐.
오늘 내 앞에 놓인 음식은
어디서 누가 어떻게 만들어 준 걸까.
필요 이상으로 물과 에너지를 쓰지는 않을까?
남김없이 맛있게 먹으려면 어떻게 해야 할까?

16

남기지 말고 맛있게 먹자

 보통 그대로 버리는 귤껍질은 무엇의 재료가 될까?
① 고추장   ② 진피차   ③ 샐러드

'남기지 말고 먹어!' 라는 말 많이 들을 거야. 그릇에 담긴 밥이나 채소, 생선이나 고기도 처음에는 모두 지구 생명. 어렵사리 내 몸에 온 '생명' 이니까, 헛되지 않게 잘 먹을 수 있는 방법을 생각해 봐.

 **알고 있니?**

- 지금 우리나라에서 버려지는 음식은 1년에 500만 톤. 한 사람이 일 년에 약 100킬로그램을 버리는 셈인데, 어른 두 명 정도의 몸무게와 비슷해. 정말 아깝지.
- 우리나라 초등학생 어린이의 비만율은 11퍼센트 이상이고, 이 가운데 고도 비만이 0.8퍼센트 정도라고 해. 아빠 엄마가 어렸을 때는 3퍼센트 정도였는데 과식하는 어린이가 늘었다는 얘기지. 그중에는 고혈압이나 당뇨병으로 고생하는 어린이도 있어.

 **우리가 할 수 있는 일**

- 음식을 남기지 않고 먹는 가장 쉽고 간단한 방법은 바로 '맛있게' 먹는 거야. 어떻게 하면 맛있게 먹을 수 있을까? 먼저 몸을 많이 움직이고 먹어. 운동회나 소풍 때 먹는 김밥은 정말 맛있어. 많이 움직이고 땀을 흘리면 똑같은 음식이라도 맛있게 느껴지지? 또 음식 향을 느끼면서, 꼭꼭 씹어 먹어. 그리고 여러 사람과 함께 먹으면 더욱 맛있을 거야.

Ⓐ ② 진피차 말린 귤껍질은 '진피'라고 하는데, 한방약의 재료로 쓰이고 차로도 마셔. 먹을 수 없다고 알고 있겠지만, 여러 곳에 쓰인대!

17

만약 수입이 금지된다면

만약 수입이 금지되면 먹기 힘든 음식은?
① 빵   ② 케이크   ③ 국수

우리가 먹는 것 가운데 어느 정도가 우리나라에서 생산되는지 아니? 필요한 먹을거리를 얼마나 많이 스스로 키워 내는지 나타내는 것을 '식량자급률'이라고 해. 우리나라의 식량자급률은 27퍼센트 정도야. 쌀이 약 98퍼센트지만, 밀과 옥수수는 1퍼센트도 되지 않고, 콩도 8퍼센트에 머문대.

 알고 있니?

- 만약 먹을거리를 수입할 수 없다면 어떻게 될까? 밀가루 음식은 거의 못 먹을 테고, 고기나 기름도 확 줄겠지. 아마 쌀밥과 채소, 고구마와 감자를 더 자주 먹게 될 거야.
- 우리나라의 식량자급률이 옛날부터 이랬던 건 아니야. 40년 전에는 80퍼센트 가까이 되었어. 그때는 한 사람이 하루에 밥을 세 그릇 이상 먹었는데, 지금은 두 그릇도 안 되게 줄었지. 쌀과 채소가 중심이던 밥상이 면이나 빵, 고기를 많이 먹는 서구식으로 바뀌었기 때문이야.
- 고기를 먹으려면 옥수수나 목초 같은 가축 먹이가 필요해. 우리나

라에서 나고 자란 소나 돼지도, 먹는 사료는 76퍼센트가 외국에서 들여온 거야. 수입 없이는 소와 돼지도 키우기 힘든 것이지.

- 기름 원료가 되는 옥수수, 콩, 팜, 유채도 대부분 수입에 기대고 있어. 유채는 우리나라에서도 재배되었지만 지금은 그 양이 크게 줄었어.

 우리가 할 수 있는 일

- 물론 수입은 그렇게 쉽게 중단되지는 않아. 그렇지만 가까운 곳에서 기른 것이 신선하고 맛있으니 국산 먹을거리에 관심을 가지면 좋을 것 같아. 자급률이 낮다고 해도 쌀과 채소는 거의 국내에서 생산되고 있어. 가게에서 파는 감자는 국산이지만 냉동식품이나 과자 원료로 쓰이는 것은 수입품이 많아. 가공식품을 사지 말고 국산 재료를 사다가 집에서 식구들과 요리해 먹는 것도 좋은 방법이지.

- 채소는 많이 나는 시기에 먹는 제철 음식이 좋아. 제철이 아닌 채소는 수입된 경우가 많아. 가족들에게 물어보거나 웹사이트에서 제철 음식을 조사해 보자. 제철에 나는 신선하고 맛있는 채소를 먹기로 해.

Ⓐ 모두 빵, 케이크, 국수 모두 밀가루로 만들어. 우리나라의 밀가루 자급률은 1퍼센트도 되지 않아. 밀가루가 수입되지 않는다면 모두 못 먹을지 몰라.

18

'신토불이'를 해 보자

다음 중 가장 멀리서 온 먹을거리는?
① 쌀   ② 키위   ③ 바나나

우리나라는 배와 비행기를 쓰지 않으면 먹을거리도 수입할 수 없어. 그런데 이때 무척 많은 연료가 쓰인대. 그러니 우리는 수입한 먹을거리와 함께 연료까지 먹는 셈이야.

 알고 있니?

- 푸드 마일리지를 아니?

〈푸드 마일리지 = 수입량 × 이동 거리〉

먼 나라에서 많은 양을 수입할수록 많은 연료가 필요해. 거리가 짧아질수록 푸드 마일리지도 적어져. 우리나라는 콩과 밀가루 같은 먹을거리를 미국과 캐나다, 오스트레일리아 등 먼 나라에서 대량으로 들여오기 때문에 푸드 마일리지가 높단다. 2009년 국립환경과학원의 조사에 따르면 우리나라의 푸드 마일리지는 세계 2위였대. 예를 들면 단호박은 우리나라에서 8882킬로미터 떨어진 뉴질랜드에서 와. 꽃게는 5275킬로미터 떨어진 인도네시아에서 오지.

A ② 키위 원산지가 어디냐에 따라 좀 다르지만, 보통 쌀은 국내산을 먹으니 가장 가까이서 생산되는 먹을거리야. 바나나는 3104킬로미터 떨어진 필리핀에서 수입하고, 키위는 주로 뉴질랜드에서 수입하는데, 자그마치 1만 35킬로미터나 떨어져 있대.

우리가 할 수 있는 일

- 가까이서 기른 먹을거리를 고르는 것이 정말 중요해. '신토불이身土不二'라는 말이 있어. '나고 자란 땅의 음식이 맛도 좋고 몸에도 좋다'는 뜻이야. 신토불이를 실천하면 푸드 마일리지도 낮출 수 있을 거야. 마일리지라고 무조건 쌓는 게 좋은 건 아니야. 먼저 '국산' 먹을거리를 고르고, 나아가 같은 시나 도처럼 가까운 곳에서 농사지은 것을 고를 것. 직접 텃밭을 가꾸어 먹는다면 가장 좋은 신토불이야!

- 가까운 곳에 농산물 직판장이 있거나 장터가 서면 가족들과 함께 가 보자. 거기서 파는 것은 농민들이 직접 키운 농산물이야. 막 따와서 신선하고 맛있어. 내가 사는 곳에서 많이 거두는 농작물이 뭔지 물어봐. 재미있을 거야.

- 전라남도에서는 학교 급식에 쓰이는 재료를 도道에서 생산한 친환경작물로만 쓰고 있대. 먼 거리를 이동하지 않으니 건강에도 환경에도 좋겠지? 푸드 마일리지도 적을 거야. 친구들 학교는 얼마나 '신토불이'를 하고 있을까?

19

물고기도 줄고 있어

 옛날에는 값이 싸서 많이 먹던 생선은?
① 삼치   ② 병어   ③ 청어

고기나 달걀을 먹을 수 없어도 물고기가 많이 잡히니까 괜찮다고 안심해서는 안 돼. 바다와 강에서 나고 자란 물고기와 조개, 해조도 중요한 천연 자원이야. 너무 많이 잡으면 안 돼.

 알고 있니?

- 지금 우리나라의 생선 자급률은 78퍼센트야. 우리나라 사람 한 명이 하루에 먹는 생선의 양은 2000년 100그램에서 2008년 150그램으로 꾸준히 늘고 있어. 하지만 생산량은 그에 미치지 못해 자급률이 계속 떨어지고 있대. 우리가 즐겨 먹는 명태의 73퍼센트는 외국에서 들여온 거야. 통조림이나 회로 먹는 참치는 우리나라에서 전혀 나지 않아.

- 가까운 바다의 물고기가 줄어든 이유는 먼저 너무 많은 물고기를 잡았기 때문이고, 물고기가 자라는 갯벌과 얕은 바다, 해조가 줄었기 때문이야. 또 온난화에 따른 환경 변화도 그 이유로 생각할 수 있어.

- 주로 고기를 먹으며 살던 유럽과 미국, 중국인들이 점차 생선을 먹

게 되었어. 요 40년 동안 전 세계인이 먹은 생선의 양이 자그마치 3.3배나 늘었대! 이대로 가면 모두 사라질지도 몰라.

 우리가 할 수 있는 일

- 물고기도 제철이 있어. 봄에는 조기와 꽃게, 여름에는 오징어, 가을에는 갈치와 가자미, 겨울에는 고등어나 삼치! 우리나라 바다에서 제철에 많이 잡히는 물고기를 먹기로 해.
- 알을 낳는 시기에는 물고기를 잡지 않는 '금어기'도 잘 지켜야 해. 갈치는 4월~6월에, 고등어는 4월 말~5월 말, 암꽃게는 7월~8월이 금어기야.
- 방어나 연어, 전갱이, 꽁치, 도루묵은 뼈째 먹어도 돼. 가게에서는 생선 머리와 뼈를 버리지만, 국물을 내거나 뼈째 튀겨 먹을 수도 있어. 칼슘이 듬뿍 든 간식거리가 될 거야.
- 바다나 강이 있는 마을에서는 쓰레기를 줍거나 어린 물고기와 조개를 방류하는 활동을 해. 관청에 문의해서 이런 행사에 참가해 보자.
- 어촌체험마을(www.seantour.org)이라는 사이트에는 전국의 어촌에서 열리는 축제나 체험 이벤트가 소개되어 있어. 어떤 게 있는지 찾아서 떠나 볼까?

Ⓐ ② 병어 병어의 생산량이 크게 줄자 값이 오르며 자주 먹기 힘든 생선이 되었어.

논은 훌륭한 친환경 장치야

쌀로 만드는 것은 무엇일까?
① 식초   ② 술   ③ 떡

논이 홍수를 막는 저수지 역할을 한다는 거 아니? 우리나라는 산이 많고 평야가 적어. 또 여름에는 비가 많이 와서 미리 준비하지 않으면 홍수가 나기도 해. 그래서 옛날 사람들은 물을 끌어와 논을 만들고 벼를 키웠어.

 알고 있니?

- 밭에서 한 가지 곡식이나 채소를 계속 기르면 땅에 영양이 부족해져 잘 자라지 못하고 병충해를 입기 쉬워. 이를 '연작 장해'라고 하는데, 이걸 막으려면 몇 년마다 다른 작물을 심거나 땅을 쉬게 해야 해. 그런데 논은 좀 달라. 강이 해마다 영양분이 풍부한 물을 옮겨 주고, 잡초가 잘 자라지 못해서 매년 쌀농사를 지어도 괜찮지. 게다가 비가 많이 내리는 장마철은 논에 심어 놓은 모종한테 물이 가장 많이 필요한 때야. 벼는 우리 지형과 계절 변화에 딱 맞는 작물이지.

- 그런데 지금은 쌀이 남아돌아. 옛날에 비해 먹는 양이 많이 줄었기 때문이야. 벼농사를 짓던 사람들은 논에 물을 빼고 다른 작물을 심

거나 농사를 포기하기도 해. 물이 빠진 논에는 금세 잡초가 자라고 더 두면 나무도 자라. 이렇게 한번 농사를 포기한 논을 원래대로 되돌리는 일은 몹시 어려워.

- 옛날에 논은 잠자리와 거미, 개구리, 고동, 송사리, 기러기 등 온갖 생물들이 사는 낙원이었어. 그런데 농약과 화학비료를 너무 많이 쓰자 논에 사는 생물이 급격하게 줄어 버렸지.

- 농약을 줄이고, 생물들이 살 수 있는 환경에서 농사를 지으려고 애쓰는 사람들이 있어. 홍성에서는 새끼 오리를 논에 풀어 벌레와 잡초를 막고, 오리 똥은 거름으로 쓰는 오리 농법으로 농사를 짓고 있어. 그래서 쌀 이름도 오리 쌀이래. 이와 같은 친환경 농법으로 사라졌던 메뚜기와 황새가 돌아와 메뚜기 쌀, 황새 쌀이라고 이름을 붙인 쌀도 있대. 새와 벌레 표시가 찍힌 '생물 브랜드 쌀'이 나타난 거야.

ⓐ ② 모두 쌀은 정말이지 대단해! 그 밖에도 과자, 쌀국수 등의 재료로 쓰여. 최근에는 쌀로 만든 과자가 인기지.

 **우리가 할 수 있는 일**

- 밥 먹기. 쌀은 자급할 수 있는 귀중한 먹을거리이고, 자급률이 높은 만큼 푸드 마일리지도 줄일 수 있어. 밥을 많이 먹으면 농부와 그 땅에서 살아가는 생물을 돕는 셈이야. 맛있는 밥을 먹었으면 농사지은 분께 감사 편지를 쓰는 것도 좋겠지. 쌀을 담은 봉투에 이름이 쓰여 있을 거야.

- 주변에 벼농사를 짓는 분이 있으면 부탁을 해 논에 들어가 보자. 모내기나 벼 베기, 김매기에 도전해 봐! 어떤 생물을 만날 수 있을까?

21

돼지가 술지게미를 먹는 이유

 두부는 콩을 짜낸 콩 물로 만든다. 그렇다면 남은 찌꺼기는 무엇이 될까?
① 순두부   ② 전분   ③ 비지

두부, 비지, 맥주, 술, 간장, 과일과 채소 주스…… 이 친숙한 음식을 공장에서 만들면 무척 많은 찌꺼기가 나오는데. 그게 어떻게 쓰일지 생각해 봤니?

 알고 있니?

- 돼지는 잡식동물이라 뭐든 잘 먹어. 옛날에는 집에서 먹고 남은 음식을 먹여 키웠는데, 비위생적이고 고기에 물기가 많아지자 포기하는 집이 많았대.
- 돼지나 소의 먹이는 대부분 외국에서 들여온 밀과 옥수수로 만들어. 그런데 옥수수가 친환경 연료의 재료로 쓰여 가격이 자꾸 오르고 있어. 그래서 최근에는 음식 찌꺼기를 말리거나 발효시켜 만든 먹이로 가축을 기르려는 사람이 늘고 있어.

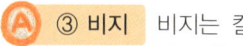 비지는 칼로리가 낮고 영양가는 높은 좋은 먹을거리야. 신 김치, 돼지고기 등을 넣어 끓이면 맛있는 비지찌개가 되지!

22

음식쓰레기를 흙으로 되돌리자

 다음 중 흙으로 되돌리기 가장 쉬운 것은 무엇일까?
① 볼펜   ② 과일 껍질   ③ 옷

부엌에서 나온 채소 찌꺼기나 음식물 쓰레기는 잘하면 흙으로 되돌릴 수 있어. 당근이나 과일 껍질, 생선 뼈나 고기 자투리도 마찬가지야.

 알고 있니?

- 눈에 보이지 않는 미생물은 음식이 분해되어 영양가 있는 비료로 바뀔 때 중요한 역할을 해. 미생물이 나뭇잎을 분해하면 그 속에 있던 탄소와 이산화탄소는 공기로 되돌아가고, 질소, 인, 칼슘은 땅에 남아 식물을 키우는 영양분이 되는 거야.
- 옛날부터 농가에서는 겨울이 되면 부지런히 나뭇잎을 모았고, 산처럼 쌓이면 한 달이 넘도록 두고 섞어 주었지. 그러면 뜨거운 김이 모락모락 피어올라. 미생물이 나뭇잎을 분해하면서 열이 나는 거야. 이런 현상은 다른 곳에서도 볼 수 있어.
- 이렇게 하면 검은 흙 같은 '두엄'이 만들어져. 농부들은 봄이 되면 밭에 두엄을 뿌리고 채소를 키워. 남은 두엄을 뒤적이면 투구벌레 유충이 나오기도 해. 두엄 영양분을 먹고 자란 거야. 두엄이 벌레

들한테는 요람이나 마찬가지지.

- 목장이나 양돈장, 양계장에서는 하루에도 많은 똥오줌이 나와. 그대로 두면 냄새가 고약해. 하지만 짚을 섞어 두면 발효가 시작되어 온도가 70~80도까지 올라가. 이렇게 만들어진 두엄은 고슬고슬하고, 나쁜 냄새도 나지 않는대. 미생물은 보이지는 않아도 정말 대단한 일을 해.
- 전라남도 광주의 한 아파트에서는 주민들이 지렁이를 키운대. 지렁이가 음식 찌꺼기를 먹어 없애 주기 때문이야. 지렁이가 눈 똥은 흙을 건강하게 만든단다. 그래서 그 흙에서 식물도 가꾼대.
- 소, 돼지, 닭의 똥 그리고 나뭇가지, 톱밥, 커피 찌꺼기와 우리고 남은 찻잎. 이것도 그대로 버리면 쓰레기가 되지만 발효시켜서 두엄으로 만들면 흙으로 되돌릴 수 있어.

 한번 해 보자

- 낙엽을 모아 두엄을 만들어 보자. 낙엽이 많으면 그대로 쌓아 두기만 해도 두엄이 돼. 양이 적으면 양파 망 같은 데에 넣어 모은 다음, 위에 비닐을 덮어 둬. 느티나무나 상수리나무 같은 넓은잎나무의 이파리는 분해가 빠르지만 소나무나 삼나무, 은행나무, 조릿대는 시간이 걸려.
- 직접 두엄을 만들어 보자. 두엄이 만들어지면 꽃밭이나 밭에 섞은 뒤 꽃과 채소를 키우는 건 어때?

Ⓐ ② 과일 껍질 과일 껍질은 미생물이 잘 분해할 수 있어 흙으로 돌아가기 쉬워.

꼬마 농부가 되자

 씨앗이나 모종을 심은 다음 가장 빨리 먹을 수 있는 것은?
① 쌀   ② 오이   ③ 감자

가장 좋은 신토불이는 스스로 키워서 먹는 거야! 넓은 밭도 마당도 없다고 포기하지 마. 손바닥만 한 땅에서도 농사를 지을 수 있어!

- 콩이나 녹두에 물을 주고 어두운 곳에 며칠 두면 가늘고 하얀 뿌리가 나와. 바로 콩나물이 되고 있는 거야. 더 키우면 콩 부분이 두 개로 똑 갈라지고 초록색 떡잎이 나와. 새싹이 트는 거지.
- 물에 적신 거즈나 탈지면 위에 무씨를 키우면 하트 모양의 떡잎이 나와. 먹으면 무처럼 알알하게 매운데, 이게 무순이야. 브로콜리나 겨자, 메밀 씨로도 만들 수 있어.
- 처음 키우는 거라면 작은 화분이나 긴 플라스틱 화분에 어린 잎채소를 심어 봐. 얼갈이배추, 상추, 쑥갓 등 여러 씨앗을 같이 뿌려. 씨를 뿌리고 얼마 있으면 작은 이파리들이 쏙 올라올 거야. 색과 모양은 제각각인데 모두 보드랍고 맛있어. 샐러드에 넣거나 무순이랑 함께 먹어도 좋아.
- 이런 미니 농사에 재미가 붙으면 그다음으로는 '적환 20일 무'에 도전해 봐. 여름에는 25일, 겨울에는 45일이면 빨갛고 귀여운 무를 얻을 수 있어.
- 좁은 공간에서 키워야 한다면 양배추와 배추처럼 큰 채소보다는 작은 게 좋아. 방울토마토, 청경채, 손바닥에 쏙 들어가는 콜리플라워 등 공간이 많이 필요하지 않은 작은 채소를 가꿔 보자.
- 넓은 마당이나 텃밭에서 키울 거라면 무나 호박, 배추도 길러 봐. 직접 만든 두엄을 뿌려 주는 건 어떨까?

Ⓐ ② 오이 오이는 모종을 심고 한 달 정도 지나면 먹을 수 있어. 감자는 석 달, 쌀은 품종에 따라 다른데 보통 넉 달에서 다섯 달 정도 걸려.

 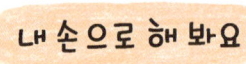

콩 키우기

준비물

콩 대여섯 알 • 깊이 30센티미터 이상의 화분 • 부엽토 • 영양분이 적은 흙(3킬로그램 이상)

 키우기

1. 4~6월에 흙과 부엽토 섞은 화분에 콩을 뿌리고 흙을 2센티미터 정도 덮는다. 간격은 10~20센티미터가 적당하다. 새들이 먹지 못하도록 싹이 튼 뒤 일주일 정도는 망을 덮어 둔다.

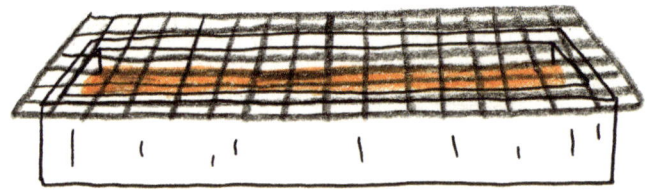

2. 동그란 연두색 떡잎이 나오고 이어서 홑잎(단엽)이 나온다. 홑잎이 벌어지면 건강해 보이는 두세 장만 남기고 솎아 준다. 망은 걷는다.

3. 본잎(본엽)이 나오며 쑥쑥 자란다. 잡초가 생기면 뽑고, 흙 표면이 마르지 않게 가끔 물을 준다.

4. 둘레 흙을 뿌리 쪽으로 모아 덮어 준다. 이것을 '북주기'라고 한다. 본잎이 예닐곱 장 되었을 때, 키가 많이 컸을 때 해 주면 좋다.

5. 작은 보라색 꽃이 피고 한 달 반이 지나면 초록색 콩깍지가 점점 부풀어 풋콩이 열린다. 콩깍지째로 먹어도 된다.

6. 다시 한 달 반 정도 지나 가지째 흔들었을 때 '바스락' 소리가 나면 콩깍지를 눌러 콩을 꺼낸다. 거둔 콩을 여러 가지 요리에 넣어 보자.

85

24

유전자 변형이 뭐야?

 최근 많이 쓰이는 유전자 변형처럼 과학기술로 식물을 조작하는 것을 뭐라고 할까?
① 바이오해저드(생물재해)   ② 바이오테크놀로지(생물공학)
③ 에코테크놀로지(생태 기술)

 엄마랑 두부나 청국장을 살 때 포장지에 '유전자 변형 콩을 사용하지 않았습니다.'라는 말이 있는지 잘 살펴봐! 그런데 도대체 유전자 변형이 뭘까?

 알고 있니?

- 인간은 맛이 좋은 열매를 많이 얻으려고 거듭해서 작물의 품종을 개량했어. '맛있는 벼 × 병충해에 강한 벼' '열매가 큰 토마토 × 열매가 많이 열리는 토마토'처럼 같은 종류 가운데 우수한 성질의 암수를 교배하는 연구를 해 왔지.

- 생물의 모양과 성질은 유전자가 결정해. 사람은 종種에 상관없이 유전자를 바꿀 수 있다는 걸 알게 되었어. 그래서 탄생한 것이 '유전자 변형 작물'이야. 예를 들면 콩이나 옥수수에, 미생물에서 뽑은 '농약에 강한 유전자'를 더하면 '제초제 내성 유전자 변형 작물'이 만들어져. 이름도 참 어렵지. 이러한 기술은 지금까지 불가

능했던 일을 가능케 했어. 이젠 식물뿐 아니라 동물에도 유전자 변형 기술을 쓰기 시작했어.

- 유전자를 변형한 콩이나 토마토에 농약을 뿌리면 잡초만 말라. 게다가 농약을 적게 써도 괜찮기 때문에 생산량이 세계적으로 크게 늘었어. 하지만 새로운 기술이라 우리가 모르는 점도 많아. 유전자 변형 작물은 특정한 농약과 짝을 이루어 쓰이는데, 어쩌면 이 농약에도 죽지 않는 강한 벌레가 나타날지도 모르지. 게다가 오랫동안 먹으면 사람 몸에 어떤 영향을 끼칠지 아직 알 수 없어서 걱정하는 목소리도 높아.

- 우리나라에도 이런 먹을거리를 걱정하는 사람들이 있어. 그래서 식품 회사들에게 유전자 변형 원료를 사용했는지 알려야 한다고 요구한 결과, 이제는 식품에 표시를 하고 있지. 하지만 의도하지 않았는데 유전자 변형으로 키운 것들이 조금 섞였거나 적은 양이 쓰였을 때는 표시하지 않아. 그러니 표시되지 않았어도 유전자 변형 식품일 수 있어.

- 2008년 세계에서 유전자 변형 작물이 재배된 면적은 1억 2450만 헥타르고, 그 가운데 9퍼센트는 연료로 쓰여. 화석연료, 즉 석유나 석탄 등을 식물로 대신하는데 이때 유전자 변형 기술이 쓰이고 있어. 우리나라에는 두부, 간장, 된장, 청국장 등 콩으로 만든 음식이 많아. 콩은 우리 음식 문화를 이루는 중요한 식재료 가운데 하나야. 유전자 변형 콩과는 다른, 옛날부터 내려오는 재래 품종이 있

Ⓐ ② 바이오테크놀로지 바이오테크놀로지(생물공학)는 여러 분야에서 응용할 수 있어. 농업뿐 아니라 어업, 축산, 나아가 화학 분야에서도 연구가 이루어지고 있대.

어. 이들이 사라지지 않도록 소중하게 지켜 가면 좋겠어.

 우리가 할 수 있는 일

- 지금까지는 없던 새로운 기술의 먹을거리는 식량 부족을 해결하기 위해 필요할지도 몰라. 하지만 정말로 안전한지 알지 못한 채로 퍼지는 것도 걱정이야. 쉽게 결론을 내릴 문제는 아니라서 어른들도 갈피를 못 잡고 고민하고 있어. 앞으로는 음식에 대해 이런 비슷한 문제가 자꾸 나올 테니 주의를 기울여 봐. 그리고 다 같이 생각하고 의논하자. 결론은 우리 친구들이 어른이 되었을 때 나올지도 모르겠어.

25

친환경 식생활에 도전!

 불을 쓰지 않고도 할 수 있는 요리는?
① 생선회 ② 김치 ③ 장아찌

사람과 동물은 무언가 먹어야 산다는 점에서는 같아. 그런데 아주 다른 게 있어. 참새는 딱딱한 생쌀을 먹지만 사람은 밥을 지어 먹어. 그래, 사람만이 요리를 해.

 알고 있니?

- 사람이 재료를 구해 요리를 할 때 꼭 필요한 것이 물과 불이야. 물은 한정된 소중한 자원으로, 뜨겁게 끓이려면 가스나 전기 에너지가 필요해.
- 멀리서 들여온 먹을거리는 푸드 마일리지가 높아. 채소 찌꺼기나 남긴 음식을 그대로 버리면 쓰레기가 되지.
- 음식을 만들 때는 물과 에너지, 쓰레기를 가능한 한 줄이고 맛있게 먹기로 해. 그리고 강과 바다를 더럽히지 않도록 말끔히 치우자. 가장 중요한 건 마음가짐이야.

A 모두 생선회는 바로 먹어야 하지만 김치와 장아찌는 오랫동안 두고 먹을 수 있어. 냉장고가 없던 시대에 나온 식생활의 지혜지.

 한번 해 봐

- 먼저 물건 사기. 장바구니는 들고 다니지? 불필요한 비닐 봉투는 받지 말자.
- 가게에는 채소가 국산과 수입산으로 나뉘어 있어. 푸드 마일리지는? 가격은? 다른 채소로 할까? 꼼꼼히 살펴보고 엄마와 상의해서 사자.
- 제철도 신경 써야 해. 예를 들면 새빨간 토마토는 1년 내내 국산이 나오지. 그런데 봄과 여름에는 뜨거운 태양 아래서 자라지만, 겨울에는 석유로 난방을 한 비닐하우스에서 크는 거야. 제철 작물이 에너지를 훨씬 적게 쓴다는 것을 기억하자.

- 물을 끓일 때는 주전자나 냄비 바닥의 물기를 닦은 뒤 불에 올리자. 냄비 바닥 밖으로 불이 나오지 않게 조절하는 것도 에너지 절약이야.
- 남기지 말고 통째로 쓰는 것도 중요해. 양배추를 예로 들면, 큰 잎으로는 양배추 롤을 만들고, 가운데 잎은 다져서 샐러드로 먹고, 단단한 심은 국물을 낼 때 쓸 수 있어.
- 토막으로 사는 생선과 고기도 통째로 요리하면 더 좋아. 가족들과 함께 생선을 세 토막으로 자르고 닭도 직접 다듬어 보자.
- 가족이 따로 밥을 먹으면 음식을 몇 번이나 데워야 해. 아빠는 늦게 오시는 날도 있으니 날마다 같이 먹지는 못하겠지만, 모두 다 있는 날에는 함께 밥을 먹자. 이것도 환경 보호야.

4장
지구의 보물을 지키자

잠깐 상상해 봐. 옛날 옛적 공룡시대를.
하늘을 나는 익룡이 있고 성큼성큼 걷는 초식 공룡도 있어.
숲에는 나무들이 우거지고 바다에는 온갖 생물들이 있어.
지구는 생명으로 넘쳐 나고 있었어.

시간이 흘러 지구 환경이 크게 변해서
생물들은 모두 죽어 갔어.
지구 품에 안기고 흙 속에서 잠들었지.
깊은 곳에서 기나긴 세월을 보내고
다른 것으로 다시 태어났어.
……그게 석유와 석탄이야.

그뿐 아니야.
철, 구리, 은, 광석 모래와 나무, 가스……
천연자원이라 불리는 모든 것이
지구가 소중하게 품어 기른 보물이야.
인간은 이 보물, 즉 자원을
지구에서 받아 살아가고 있어.

어때, 믿어져?
친구들의 휴대폰이 옛날에는 공룡이었을지도 모른다니.
공룡은 석유로, 석유는 플라스틱으로 모습이 바뀌었어.
최신 휴대폰이 아주 옛날 생물하고 이어져 있는 거야!

그렇지만……
지구가 오랜 세월 키워 온 것을
지금 속도로 써 버린다면 금세 바닥이 드러날 거야.
마구 쓰고 마구 버려.
사람이 그런 생활을 한다면 지구의 자원은 어떻게 될까?
빨리 무슨 수를 써야 돼. 어떻게 생각하니?

낭비하지 말고 다시 쓸 수 있는 자원은 몇 번이고 다시 쓴다.
지구의 보물을 지키기 위해서 우리는 어떤 일을 할 수 있을까?

같이 생각해 보자!

26

모두가 지구의 보물

 산업용으로 쓰이는 귀중한 금속을 뭐라고 할까?
① 헤비메탈   ② 레어 메탈   ③ 타르타르 소스

자원이란 석유, 철, 구리 같은 광물과 모래, 나무, 식물 등을 말해. 마법이 아닌 이상 무無에서 만들어 낼 수는 없는 법이잖아. 그런데 자원은 무한한 게 아니고, 이미 거의 다 써 버린 것도 있어. 그러니까 한정된 지구의 보물이 다 없어지기 전에 소중하게 써야 해!

 알고 있니?

- 주변에 있는 물건은 여러 가지 원료로 이루어져 있어.

석유가 원료인 플라스틱 제품:
비닐 봉투, 페트병, 칫솔,
목욕탕 바가지, 시디, 디브이디

석영이 원료인 유리 제품:
유리창, 컵, 병

보크사이트가 원료인 알루미늄 제품:

알루미늄 호일, 알루미늄 캔

나무가 원료인 종이 제품:

종이 가방, 우유팩, 책, 화장지

철이 원료인 건축 재료:

집 자재, 다리 등의 공공물, 철봉

- 전기 제품에는 여러 종류의 원자재가 쓰여. 예를 들어 휴대전화에는 플라스틱, 알루미늄, 철, 구리 등이 쓰여. 그 밖에 '팔라듐' 같이 원래 지구에 조금밖에 없고 캐기 힘든 금속도 들어가.

 우리가 할 수 있는 일

- 이 책을 읽고 자원을 헛되이 쓰지 않으려면 어떤 일을 할 수 있을지 생각해 보면 좋겠어. 꼭 착한 아이라서가 아니야. 우리들이 사는 지구를 위해서야.
- 친구들이 갖고 있는 물건이 어떤 재료로 만들어져 있는지 알아보자.

Ⓐ ② 레어 메탈   지금 철과 구리는 많이 캘 수 있지만 티탄 등 레어 메탈은 조금밖에 캘 수 없어.

페트병과 3R

 집에서 분리해 내놓는 페트병. 그런데 재활용되어 다른 제품으로 태어나는 것은 몇 퍼센트나 될까?
① 50퍼센트 ② 78퍼센트 ③ 90퍼센트

자원이 무한하지 않으므로 물건을 아껴 써야 한다는 것은 알지만 대체 어떻게 해야 할까. 힌트는 '3R' 이야. 이 3R을 실천하면 지구의 보물인 자원을 절약할 수 있어.

 알고 있니?

- '3R' 이란 '줄이기(Reduce 리듀스)' '다시 쓰기(Reuse 리유즈)' '재활용(Recycle 리사이클)'을 말해. 모두 영어 R로 시작하기 때문에 3R이라고 해. 아주 중요한 말이야.
- 영어로 말하니까 무슨 뜻인지 잘 모르겠다고. 걱정 마! 친구들도 잘 아는 페트병을 예로 들어 설명해 볼게.

1. 페트병 '줄이기(Reduce 리듀스)'는 뭘까?

한마디로 페트병에 들어 있는 주스나 음료수를 사지 않는 거야. 집에서는 컵을 쓰고, 나갈 때는 물통이나 컵을 챙기는 거야. 페트병처럼 바로 쓰레기가 되는 물건을 가능한 한 사지 않으며 쓰레기를 줄이는 거지.

2. 페트병 '다시 쓰기(Reuse 리유즈)'는 뭘까?

페트병에 들어 있는 음료수를 다 마시면 씻어서 물통 대신 쓰는 식이지. 냄새나거나 긁히고 고온에서 쭈그러드는 소재도 있기 때문에 오래는 아니지만 그래도 꽤 쓸 수 있어. 다시 쓰기는 필요 없는 물건이라도 쓰레기 취급하지 말고 다시 한 번 쓰는 것을 말해.

3. 페트병 '재활용(Recycle 리사이클)'은 뭘까?

빈 페트병을 모아 잘게 잘라서 다른 제품의 원료로 쓰는 거야. 페트병은 가방이나 작업복, 운동 매트가 되는 섬유, 달걀 포장이나 문구, 플라스틱 제품 등 여러 물건으로 다시 태어나.

Ⓐ ② 78퍼센트   2008년 우리나라에서 생산한 페트병은 16만 502톤. 회수되어 새로운 제품으로 재활용된 것은 78퍼센트 정도인 12만 5979톤이야. 페트병 회수율과 재활용률이 다른 나라들보다 꽤 높은 편이래.

- 페트병은 지금 재활용을 위해 많이 회수되고 있기는 한데, 워낙 많이 쓰이기 때문에 재활용으로는 도저히 버리는 양을 따라가지 못해. 그러니까 쓰는 양을 줄이는 게 가장 좋아. 또 내용물을 다시 채워서 파는 방식의 재활용도 검토되고 있어. 이미 이 방법을 실행하고 있는 나라도 있어.

 우리가 할 수 있는 일

- '3R'을 기억하며 내가 할 수 있는 일을 생각하는 버릇을 들여. 틀림없이 친구들이 할 수 있는 일이 있을 거야.
- '3R'에도 우선순위가 있어. 페트병을 회수해서 다시 쓰려면 씻을 물이, 재활용하려면 약품이나 기계를 움직일 에너지가 필요해. 하지만 줄이기를 하면 아무것도 필요 없어. 오로지 여러분의 마음가짐만 필요해. 그러니까 '① 줄이기, ② 다시 쓰기, ③ 재활용' 순으로 실천하기로 해!

28

'필요 없다'고 말하자

비닐 봉투가 없던 시절 채소 가게에서는 무엇으로 채소를 쌌을까?
① 보자기   ② 잎   ③ 신문지

줄이는 요령은 아주 쉬워. 금방 쓰레기가 될 물건은 받지 않는 거야. 또 아무리 공짜라도 '필요 없다'고 말하는 것. 처음에는 조금 용기가 필요할지 모르지만 익숙해지면 아무것도 아냐.

 알고 있니?

- 플라스틱 접시, 비닐 봉투, 포장지, 종이 상자는 옮길 때 편하고 다른 쓸모도 있겠지만, 집에 가면 금세 필요 없는 쓰레기가 될 뿐이야. 우리나라는 집에서 나오는 쓰레기의 60퍼센트가 이런 용기와 포장 쓰레기래(부피 기준, 무게는 16퍼센트).
- 옛날에는 장바구니를 들고 시장에 가는 게 당연했어. 두부를 담을 그릇도 가져가곤 했지. 오늘날은 생활이 편리해졌지만 그만큼 일회용 용기나 포장이 늘고 있어.

A ③ 신문지 비닐 봉투가 없던 시절에는 채소 가게뿐 아니라 대부분의 사람들이 물건을 쌀 때 신문지를 많이 썼어. 재생용지가 없던 시대에 맞는 재활용 방법이었지.

 **우리가 할 수 있는 일**

- 집에 '에코백'이 있니? '에코'는 '생태학'이라는 뜻의 'ecology'의 앞 글자를 딴 말로, 환경과 관련되었음을 의미해. 에코백은 말하자면 휴대용 장바구니야. 장바구니가 있으면 슈퍼 등에서 물건을 사도 비닐 봉투가 필요 없어.

- 요즘은 여러 곳에서 장바구니를 나눠 주고 있어. 이미 갖고 있으면서 욕심에 또 받으면 전혀 환경을 위한 것이 아니겠지. 있는 것을 연구해서 쓰는 게 가장 좋아.

- 다음에 엄마 심부름을 가면 환경을 위한 쇼핑에 도전해 봐! 채소나 과일, 생선, 고기 등은 가능한 한 플라스틱 포장이 되지 않은 것을 고르고 과자도 될수록 포장이 단순한 걸 고르자.

- 편의점에서 아이스크림이나 도시락을 살 때 숟가락이나 젓가락을 받지? 패스트푸드점에서는 사각 휴지를 너무 많이 쓰지는 않아? 접시나 비닐 봉투를 포함해 한 번 쓰고 버리는 일회용 물건은 곧장 쓰레기가 되지. 집에서 먹을 거라면 숟가락이나 나무젓가락, 휴지도 필요 없어. 밖에서 먹을 때는 필요한 양만큼만 가져오도록 하자.

- 혹시 공짜라고 무조건 받지는 않니? 주스도 배달 피자도 패밀리 레스토랑도 덤이 붙어. 길을 걸어가면 온갖 물건을 공짜로 나눠 주고 있어. 휴대폰 줄은 그렇게 받아서 뭐에 쓰려고 그래? 봉제 인형은 정말 맘에 들어? 부채는 집에 없어서? 공짜라고 주는 대로 받지 말고 정말 필요한지 스스로에게 물어보는 버릇을 들이도록 하자.

29

충전지로 바꾸자

 전력 단위를 'W(와트)'라고 하는 건 왜일까?
① 전구가 처음에 들어왔을 때 와 하고 놀라서
② 영어의 'What'   ③ 사람 이름

거듭 쓸 수 있는 물건을 고르는 것도 줄이기의 비결이야. 예를 들면 샴푸나 세제가 떨어졌을 때 보충용 제품을 사서 넣으면 통은 몇 번이고 쓸 수 있어. '충전지'는 거듭해서 쓸 수 있지. 집에서 의외로 많이 쓰는 건전지, 충전해서 쓴다면 쓰레기를 줄일 수 있어.

 알고 있니?

- 다 쓴 건전지는 재활용 자원으로 회수해. 그렇지만 현재 기술로는 건전지를 재활용하기가 상당히 어려운 모양이야. 예를 들면 건전지에는 아연이라는 금속이 들어가는데, 이것을 재활용하려면 아연을 새로 만드는 것보다 3~4배의 에너지가 들어간대.

- 이에 반해 충전지는 1000번 정도 충전할 수 있어. 그러니까 건전지를 충전지로 바꾸면 건전지 쓰레기를 줄일 수 있어. 충전지를 사려면 물론 돈이 들어. 건전지보다 비싸고 충전기도 필요해. 그렇지만 1000번 쓰면 건전지 1000개를 사는 것보다 이익인 셈이야.

③ 사람 이름 증기기관을 발전시킨 스코틀랜드의 발명가 '제임스 와트'의 이름을 딴 거야.

- 1000번을 쓴 뒤 충전지는 어떻게 될까? 충전지도 수명은 있어. 충전지에는 니켈과 코발트 같은 귀중한 천연자원이 들어가는데 이것들은 재활용할 수가 있대.
- 아프리카 마사이족도 소를 사고파는 데 휴대전화를 쓴대. 그런데 전기가 안 들어가는 지역도 많아서 태양빛을 모아 충전하는 충전기를 쓰고 있대. 태양 에너지로 휴대폰을 쓰는 것도 환경 보호네! 비슷한 충전기는 우리나라에서도 살 수 있어.

 우리가 할 수 있는 일

- 리모컨, 시디플레이어, 탁상시계 등 집에서 쓰는 건전지 제품을 찾아봐. 그리고 그 기계에 넣은 건전지가 다 닳으면 충전지로 바꾸자고 제안해 봐. 충전지를 쓸 수 없는 기기도 있으니 취급 설명서를 확인할 것. 제품을 만든 회사에 전화해서 물어봐도 좋아.
- 충전지로 바꾸겠다고 쓰던 건전지를 휙 던져 버리는 일은 없겠지! 건전지는 끝까지 다 쓰고 나서 규칙에 따라 버리기!

30

'고쳐 입는' 멋쟁이

> 2004년 노벨평화상을 받은 케냐의 여성 환경활동가 '왕가리 마타이' 씨가 감동했다는 말은 무엇일까?
> ① 고마워요 ② 괜찮아요 ③ 아까워요

친구들은 아직 쓸 수는 있는데 조금 쓰기 불편한 물건은 어떻게 해? 새것이라고 무조건 좋은 건 아니야. 쓰레기를 줄이는 요령은 갖고 있는 물건을 오래 잘 쓰는 거야. 자기가 좋아하는 물건을 잘 쓸 줄 아는 사람이 자기만의 스타일이 있는 진짜 멋쟁이야.

 알고 있니?

- 세상에는 새로운 물건을 팔기만 하는 게 아니라 망가진 물건을 고치는 사람도 있어. 장난감이나 책가방, 마음에 드는 옷이나 구두, 우산, 자전거 등 전문가에게 부탁하면 다시 쓸 수 있게 고쳐 줘.

 우리가 할 수 있는 일

- 뭐든 바로 버리지 말고 고쳐 쓸 수 없는지 생각해 봐. 어디다 맡겨야 좋을지 모르겠으면 주변 어른들에게 물어보거나, 물건을 산 가

A ③ 아까워요 마타이 씨는 '아깝다'는 말 속에 자연에 대한 경의와 사랑이 있다고 생각해서 전 세계에 퍼뜨리려고 애쓰고 있어. 전 세계에 이 말이 퍼진다면 좋겠지.

게에 가지고 가. 사용 설명서에 연락처가 나와 있으면 먼저 전화해 보자.

- 장난감이 고장 나면 장난감 병원에 문의하는 것도 방법이야. 인천에 있는 인하공업전문대학 공업대학의 학생들과 교수님은 장난감 병원을 만들었대. 전국에 있는 장난감 도서관 중에는 장난감을 고쳐 주는 곳도 있으니까 확인해 봐.
- 바늘과 실이 있으면 내 손으로 고칠 수 있어. 구멍 난 옷이나 양말은 천을 대고 촘촘하게 꿰매면 돼. 청바지나 체육복은 수예점 등에서 파는 예쁜 천과 레이스를 덧대 꿰매 봐. 친구들의 감각이 빛나는 개성 있는 옷이 될 거야. 스스로 고치다 보면 전보다 더 소중하게 느껴지니 참 신기하지.
- 작은 요령만 익히면 본격적인 수리도 할 수 있어. 예를 들어 자전거 타이어에 펑크가 났다면 자전거 가게에 물어봐. 수리 공구를 팔 거야. 아빠나 다른 사람의 도움을 받아서 스스로 해 보는 거야.

31

아나바다 장터에서 용돈 벌기

 유럽에서 오래전부터 있었던 장터의 이름은?
① 벼룩시장   ② 개미 시장   ③ 공벌레 시장

우리나라에서 1년에 버려지는 옷은 약 5만 톤 정도래. 친구들의 옷장에도 입지 않는 옷이 많이 있을 거야. 내가 안 입더라도 필요한 사람이 있어 그 사람이 입게 된다면 둘 다 좋겠지. 필요 없는 물건을 그냥 넘길 수도 있지만 팔기도 해. 다음 휴일에는 가족 모두 아나바다 장터에 참가해서 용돈을 벌어 보는 건 어때? 아쉽게도 아이들만 참가하기는 어려워.

 해 보자

- 먼저 주민자치센터에 아나바다 장터가 언제 어디서 열리는지 물어보자. 인터넷에서 알아볼 수도 있어. 아름다운 가게, YMCA 같은 단체의 홈페이지에 들어가 봐.
- 장소와 날짜를 알아냈으면 이제 준비를 시작해야지. 집에서 쓰지 않는 물건은 깨끗이 빨고 다림질을 해. 닦을 수 있는 것은 반짝거리게 닦고. 다 같이 가격을 생각해 보고 가격표도 붙여야지. 상품을

Ⓐ ① 벼룩시장 고물 시장을 벼룩시장이라고 불러. 중고 시장이라 부르기도 하는데, 일반 고물 시장과 구분하기 위해 환경을 생각하여 아껴 쓰고 나눠 쓰고 바꿔 쓰고 다시 쓰는 '아나바다' 시장이라고 부르기도 해.

진열할 돗자리랑 잔돈도 미리 마련해 놓으면 준비 끝!
- 장이 열리는 날에는 정해진 시간에 가족들과 함께 가. 상품을 진열해 놓으면 거기가 바로 친구들의 가게야. 물건을 권하기도 하고 싸게 달라고 하는 손님에게 얼마에 줘야 할지 고민하다 보면 의외로 바빠!

 우리가 할 수 있는 일

- 안 쓰는 물건을 팔 수 있는 곳이 있어. 가까이 있는 중고 가게를 알아봐. 입지 않는 옷, 책, 시디, 잡화 등을 사기도 하고 팔기도 하는 가게야. 뭐든 파는 '재활용 가게', 책을 파는 곳은 '헌책방', 옷을 파는 곳은 '구제옷 가게'라고도 불러. 물건을 팔 때는 어린이들만 가는 건 곤란하니 어른과 같이 가자.
- 물론 반대 경우도 있어. 갖고 싶은 물건을 다른 사람한테 물려받으면 그것도 다시 쓰기야. 바자회나 중고 가게에서 사면 새 물건보다 싸니 친구들 용돈으로 살 수 있을지도 몰라.
- 꼭 팔지 않아도 괜찮아. 우리나라에는 옛날부터 물려주는 관습이 있어. 큰 애가 못 쓰게 된 물건이나 옷을 작은 애에게 물려주는 거야. 이웃끼리 또는 아는 사람들끼리 물려 쓰는 것은 물건을 소중하게 생각하는 좋은 관습이지.

32

앞으로는 함께 쓰기가 대세!

 모두 같이 나눌 수 있는 것은 어느 것일까?
① 매주 사는 잡지 ② 부딪혀 아픈 이마의 고통 ③ 학교 성적

'오직 나만의 것'이 있으면 왠지 기분이 좋아! 그렇다고 뭐든 다 자기 것으로 만들려면 물건이 너무 많이 필요해. 최근에 '같이 쓸 수 있는 건 같이 쓰자'는 '함께 쓰기 운동'이 퍼지고 있어. 쓰고 싶을 때만 돌아가면서 쓰기 때문에 낭비가 없고, 물건 하나를 함께 쓰기 때문에 자원도 절약돼. 함께 쓰기는 다시 쓰기의 하나라고 할 수 있어.

🅰 ① 매주 사는 잡지 잡지뿐 아니라 모두 돌려 가며 즐길 수 있는 것이 많이 있어.

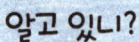

- 최근 '자동차 함께 쓰기'가 주목을 받고 있어. 돈도 절약되고 필요할 때만 타기 때문에 환경에도 좋아. 주차장이 좁아서 다툼이 잦은 다세대 주택이나 아파트 단지 사람들이 스스로 자동차 함께 쓰기를 시작한 경우도 있대. 서울시 마포구 성미산 마을 사람들은 '자동차 두레'를 만들어 여섯 가족이 차 한 대를 돌아가며 쓰고 있대.
- 자전거를 나누는 '자전거 함께 타기'도 늘고 있어. 회원이 되면 공유하는 자전거를 타고 싶을 때 탈 수 있어.
- 비가 오는데 우산이 없으면 정말 당황스럽겠지? 무료로 우산을 빌려 주는 주민자치센터나 지하철역이 있어. 그런데 빌려 간 우산이 되돌아오는 경우가 드물대. 우산을 모두의 것으로 생각한다면, 그러지 않을 텐데 말이야.
- 읽고 싶은 책, 갖고 싶은 장난감을 모두 가질 수는 없어. 이럴 때를 위해서 '도서관'이 있는 거야. 책뿐만 아니라 장난감을 빌릴 수 있는 도서관도 있어. 도서관에 있는 모든 물건은 사실 우리 모두의 것이야. 그러니까 내 것처럼 아껴야겠지.
- 친구들이 사는 동네에서 함께 쓸 수 있는 것이 무언지 조사해 보자.

33

지구의 보물을 재활용하자

지금부터 50년 전 아이들이 용돈을 벌기 위해 했던 일은?
① 못 줍기　② 편의점 점원　③ 패밀리레스토랑 접시 닦기

　여기서는 드디어 3R의 마지막인 '재활용(리사이클 Recycle)' 이야기야. 재활용의 기본은 우리가 일상적으로 하는 분리수거야.

 알고 있니?

- 친구들이 사는 동네도 '재활용 쓰레기' 내놓는 날이 있지? 재활용 쓰레기는 깡통, 병, 페트병, 신문, 잡지 등 자원으로 다시 한 번 쓸 수 있는 것을 말해. 이것들을 같은 종류끼리 나누는 것을 '분리'라고 해. 분리한 것은 이미 그냥 쓰레기가 아니고 자원이야. 정해진 요일에 내놓으면 재활용되어 새로운 제품으로 다시 태어나.
- 재활용 쓰레기를 분리하지 않고 다른 물건하고 섞어 쓰레기봉투에 버리면 어떻게 될까? 그냥 쓰레기로 처분해. 이것은 소중한 지구 자원을 버리는 것과 마찬가지야. 제대로 분류해 재활용하도록 내놓는 게 정말 중요해.

Ⓐ ① 못 줍기　그때는 편의점이나 패밀리레스토랑이 없었고, 못이나 철 조각을 주워서 고물상에 팔아서 용돈을 벌었어. 못을 재활용해 새로운 철 제품을 만들었어.

 **우리가 할 수 있는 일**

- 재활용 쓰레기를 분리하는 규칙은 사는 동네마다 조금씩 달라. 친구들이 사는 지역에서는 어떻게 정해져 있는지 알아보자. 모르면 엄마한테 묻거나 직접 주민자치센터에 전화하면 가르쳐 줘. 조사해서 표로 만들어 방에 붙여 보자.

- 휴지통에 마구 버리고 모른 척하는 행동은 오늘부터 그만두기로 해! 집에 분리수거 하는 통이 있을 테니까 직접 해 보자. 분리수거가 귀찮다고? 처음에는 조금 헷갈릴지 모르지만 스스로 만든 재활용 쓰레기 표를 보면서 재활용 달인이 되어 보는 건 어떨까?

- 철이나 알루미늄으로 된 병뚜껑도 당연히 분리수거 할 수 있어. 그런데 그냥 쓰레기에 섞어 버리는 일이 많대. 그래서 병뚜껑 모으는 운동을 벌이는 환경 단체도 있어. 병뚜껑을 모아 재활용 공장에 보내서 생기는 수익으로 어려운 이웃을 돕는 일을 한대.

- 그 밖에도 주변에서 재활용 자원을 회수하는지 알아보자. 슈퍼는 우유팩이나 식품 접시 재활용에 열심이고, 전기제품 가게에는 다 쓴 프린터 잉크 카트리지나 충전지, 단추형 전지를 회수하는 상자가 놓인 곳도 많아. 재활용할 수 있는 것을 발견하면 집에도 알려서 온 가족이 함께 모으자.

34

종이 낭비로 숲이 사라진다

코알라가 아주 좋아하는 유칼리나무 한 그루로 A4 용지 몇 장을 만들 수 있을까?
① 1300장　② 1만 3000장　③ 13만장

새 종이를 쓰면 쓸수록 지구 어딘가의 나무가 베이는 거야. 종이를 아껴 쓰는 것은 지구의 숲을 지키는 일이야.

알고 있니?

우리나라에서 한 사람이 1년간 쓰는 종이는 179킬로그램이래. 179킬로그램의 종이를 A4 용지로 따져 보면 3만 5800장이 돼. 쌓아 올리면 약 3.6미터 정도 높이야. 하루에 약 100장씩 날마다 쓰는 거야. 엄청나지? 우리나라는 세계에서 스무 번째로 종이를 많이 쓰고 있대.

- 2006년에 전 세계에서 만든 종이의 양은 3.8억 톤. 50년 전에 비하면 무려 다섯 배나 늘었어.
- 오스트레일리아 남동쪽에 있는 작은 섬 태즈메이니아에서는 매년 축구장 9500개 넓이의 원시림이 사라지고 있어. 이 가운데 90퍼센

 ② 1만 3000장　살아가는 데 나무가 꼭 필요한 동물은 코알라 말고도 아주 많아. 종이를 낭비하면 동물들에게 피해를 주는 걸지도 몰라.

111

트가 종이 원료인 목재 칩의 형태로 세계 여러 나라에 수출된대. 종이가 쓰이는 만큼 그 한편으로는 수백 년에 걸쳐 이루어진 풍요로운 숲이 점차 사라지고 있어.

- 종이도 재활용할 수 있어. 쓴 종이(폐지)를 녹인 뒤 새로운 재료를 섞어 만든 것이 '재생종이'야. 종이의 바탕이 되는 나무 섬유는 아주 질겨서 서너 번은 거듭해서 쓸 수 있어. 가정에서 나온 신문지를 1년 동안 잘 모아 재활용하면 지름 14센티미터, 높이 8미터짜리 나무 2.5그루를 자르지 않아도 돼. 쓰레기도 줄고, 한 마디로 일석이조야.

- 재활용할 수 있으니까 안심하고 마구 써도 괜찮다고 생각하지는 마. 재생종이를 만드는 데는 새 종이를 만들 때보다 많은 석유가 필요하고 이산화탄소도 더 많이 발생해. 그러므로 가장 좋은 방법은 쓰는 양을 줄이는 거야.

 **우리가 할 수 있는 일**

- 다 쓴 종이는 반드시 재활용에 내놓자.
- 물을 엎질렀을 때 어떻게 해? 혹시 휴지를 둘둘 말아서 닦지는 않아? 조금만 생각해 보면 걸레를 쓸 수도 있잖아. 손을 씻었다면 손수건으로 닦으면 되고. 뭐든 휴지로 닦아 버리는 습관은 이제 그만 버리자.
- 종이를 버리기 전에 다시 쓸 방법이 없는지 생각해 보자. 한 면만 인쇄된 광고지나 달력은 이면지로 쓰자. 비에 젖은 신발 속에 신문지를 넣어 두면 빨리 말라.

깡통은 다시 태어난다

 우리나라에서 사용한 알루미늄 깡통을 모두 재활용한다면, 1년 동안 절약할 수 있는 전력은 각 가정이 쓰는 양의 며칠분이 될까?

① 하루   ② 22일   ③ 30일

깡통은 재활용 분야의 우등생이야. 낭비도 없고 효율이 좋아서 재활용하는 보람이 있지. 또 주스나 커피, 과일이나 참치 통조림 등 주변에 흔하므로 친구들도 바로 시작할 수 있어.

 알고 있니?

- 깡통에는 철로 만든 것과 알루미늄으로 만든 것이 있어. 알루미늄은 보크사이트라는 광석으로 만들어.
- 알루미늄 깡통은 몇 번이라도 똑같은 알루미늄으로 다시 태어날 수 있어. 여러분이 마신 주스도 어쩌면 베테랑 알루미늄에 들었을지 몰라. 게다가 새로 만드는 것보다 재활용할 때 에너지가 더 적게 들지.
- 철로 만든 깡통도 그에 못잖아. 깡통으로 재활용되는 경우도 있지만 그 밖에 철도나 다리를 세우는 재료뿐만 아니라 자동차나 가전제품 등 우리 주변에서 볼 수 있는 것에 아주 많이 쓰여.

- 빈 깡통을 모아서 재활용 쓰레기로 분리수거 하자. 친구들이 사는 동네에서도 빈 깡통이 틀림없이 회수되고 있을 거야. 철과 알루미늄으로 나누어 내놓거나 같이 내놓는 곳도 있어. 안을 헹구고 라벨이 붙어 있다면 떼고 내놓는 게 예의지.
- 길거리에서 깡통이 굴러다니는 걸 발견하면 어떻게 할 거야? 누가 밟고 넘어지면 위험하기도 하고, 지구 자원이기도 한데 그냥 쓰레기가 되면 아깝잖아. 주워서 자동판매기 옆이나 편의점 앞에 있는 재활용함에 넣기로 해.
- 무엇으로 만들어진 깡통인지 잘 모르겠으면 뭐라고 표시되어 있는지 잘 살펴봐! 쉽게 구분하자면 부드러워 손으로도 찌부러뜨릴 수 있는 게 알루미늄이고, 딱딱해서 눌러지지 않으면 철이야.

Ⓐ ③ 30일 양으로 따지면 약 30일분의 전력이 된대.

36

병에는 두 가지 길이 있다!

우리나라에서 발견된 유리 중 가장 오래된 것은 어느 시대의 것일까?
① 삼국시대 ② 고려시대 ③ 조선시대

간장, 식초 같은 조미료 병, 주스나 우유, 잼이나 땅콩버터가 든 병 등 집에는 색과 모양이 다양한 유리병이 아주 많아. 이런 유리병을 모래로 만들었다니 놀랍지? '석영'이라는 광물이 유리의 주재료야. 병도 자원으로 재활용할 수 있어.

 알고 있니?

- 보통 유리병은 한 번만 사용할 생각으로 만든 '일회용 병'이야. 일회용 병을 재활용하려면 먼저 병을 색깔별로 나누어 잘게 부숴야 해. 부순 유리는 '컬릿cullet'이라고 부르는데, 컬릿은 병의 원료로 다시 한 번 쓸 수 있어. 컬릿의 이용률은 매년 높아지고 있는데 지금은 병 원료의 90퍼센트 이상을 차지해. 그 밖에 아스팔트에 섞어 도로 포장에 쓰이기도 하고 단열재나 인공 대리석 같은 건축자재로도 쓰여!

- 일회용 병 말고 씻어서 여러 번 사용하는 재사용 병도 있어. 소주병, 맥주병, 음료수 병 등이 재사용 병의 대표야. 빈 병을 가게나 고

물상에 갖다 주면 '빈용기 보증금'을 받을 수 있어. 모은 병은 깨끗하게 씻고 살균해서 음료수나 조미료를 만드는 회사로 보내.

- 일회용 병보다는 씻어서 다시 쓰는 재사용 병이 환경에는 좋아. 최근에는 거의 모든 병이 일회용으로 나오지만 재사용 병도 조금씩 재검토되고 있어. 조미료나 주스에 적합한 새로운 형태의 회수용 병이 개발되어 여러 회사에서 쓰기 시작했어.

  우리가 할 수 있는 일

- 집에 맥주나 주스를 살 때 '재활용할 수 있는 병으로 사자'고 말해 봐. 어린이가 먹을 수는 없지만 맥주병은 회수 가능한 대표적인 병이야. 빈 맥주병을 가게에 가지고 가면 꼭 그렇다고 장담할 수는 없지만, 한 병에 50원을 받을 수 있어. 이것을 '빈용기 보증금제도'라고 해. 애초에 병 값이 포함되어 있기 때문에 병을 돌려주면 그만큼 돈을 받는 거야. 심부름 값으로 받으면 아주 좋겠지!

- 병을 내놓을 때는 반드시 뚜껑을 빼고 안을 헹구어서 내놓자. 또 백색(투명), 갈색, 녹색으로 분리하자.

Ⓐ ① 삼국시대 우리나라에서 발견된 가장 오래된 유리는 삼국 시대 유적지에서 나온 유리로 보이는 장신구야. 유리 제품을 만든 건 1910년대 뒤부터래.

5장 온난화는 멈출 수 있을까?

요즘 들어 지구가 심상치 않아.
이런 말 들어 본 적 있을 거야!
화석연료를 마구 쓰는 현대 생활이 지구를 뜨겁게 만들고 있어.

지구는 지금 여러 방법으로 우리에게 말을 걸고 있는지도 몰라.
그 소리를 들어 봐.
자, 귀를 기울여 봐…….

북극에서는 얼음이 녹아
북극곰이 멸종 위기에 놓여 있어.

호주에서는 비가 내리지 않아 건조한 산에 자꾸 불이 나서
사람뿐 아니라 고릴라와 캥거루 들이 생명을 잃었어.

미국에서는 허리케인이 자주 발생해
지금껏 없던 큰 피해를 입혔고 사람들이 고통받고 있지.

유럽에서는 여름에
기록적인 폭염이 계속되어 많은 사람이 죽고 말았어.

바다가 따뜻해지고 해수면이 올라가서
어떤 섬은 언제 잠길지 모르고
그곳 사람들의 터전은 언제 사라져 버릴지 몰라.

이런 변화들은 모두 지구온난화의 영향이라고 해.
물론 지구에는 옛날부터 기후 변동과 이상기후가 있었어.
그렇지만 최근 보이는 이 변화는
조금 다르다고 생각하는 사람들이 많아.

만약 정말 그렇다면
지구가 보내는 신호에 귀 기울이는 것은 결코 헛된 일이 아니야.
우리 삶이 원인이라면 우리 삶을 바꿈으로써
온난화를 막을 수 있을 테니까.

37

이산화탄소는 나쁜 걸까?

 지구온난화는 지구에 처음 일어나는 일일까?
① 그렇지 ② 세 번째야 ③ 많이 있었어

지구를 지키는 방법으로서 'CO$_2$ 배출량 감소'라는 말 들은 적 있어? 'CO$_2$'는 이산화탄소야. 우리가 숨을 내쉴 때 나오는 이산화탄소는 탄산음료에도 들어 있어. 원래 이산화탄소는 나쁜 게 아니야. 그런데 우리는 왜 이산화탄소를 줄여야 할까?

 알고 있니?

- 아주 옛날부터 공기 중에는 이산화탄소가 있었어. 그런데 사람과 동물이 뱉어 낸 이산화탄소를 흡수하는 것이 있어. 그래, 식물이야. 나무와 풀, 해조 등 식물은 이산화탄소를 흡수하고 동물이 필요로 하는 O$_2$, 즉 산소를 만들어 내지. 이산화탄소를 흡수하고 또 내보내는 것들이 있어서 그 양은 늘 균형을 이루었어. 자연은 참 신비롭지.

- 그전까지 지구의 이산화탄소 양은 균형을 이루었지만, 이산화탄소가 갑자기 늘자 남은 양이 갈 곳을 잃고 하늘에 쌓이게 되었어. 그러고는 마치 담요처럼 지구를 감싸기 시작했지. 이것을 '온실가스'라고 해. 원래 지구는 이산화탄소와 메탄가스 등에 둘러싸여 있었는데 인간 때문에 그 두께가 점점 두꺼워진 거야. 그래서 기온이 조금씩 올라갔는데, 이것은 '지구온난화'의 원인 가운데 하나라고 해.

 우리가 할 수 있는 일

- 이산화탄소를 내뿜는 양을 '이산화탄소 배출량'이라고 해. 이것을 줄이는 것은 온난화 해결법 가운데 하나야. 그러기 위해서는 각자 생활 습관을 조금씩이라도 바꾸는 수밖에 없어. 친구들이 할 수 있는 일을 시작해 보자!

Ⓐ ③ 많이 있었어 지구가 태어나 46억 년 동안 온난화는 몇 번이나 있었어. 남극과 북극 얼음이 다 녹을 정도로 덥기도 했지. 그렇지만 인간이 지구온난화의 원인이 된 것은 처음이야.

38

집에서 쓰는 에너지

 냉장고가 없던 시대에는 음식을 어떻게 보관했을까?
① 말렸다   ② 발효시켰다   ③ 그날 안에 먹었다

여러분들은 '전기요금 아깝다' 거나 '이번 달은 가스비가 많이 나왔다' 라는 말을 들은 적 있어? 그게 바로 여러분의 집에서 쓴 에너지야.

 알고 있니?

- 1960년대 중반까지는 석탄이 에너지의 주역이었는데 지금은 전기, 가스, 석유가 가정의 3대 에너지가 되었어. 전기 에너지만 쓰는 집이 늘어서 전기가 차지하는 비율이 점점 커지고 있지.

- 집에서 쓰는 에너지 양이 옛날에 비해 많이 늘었어. 여러분의 엄마, 아빠가 어렸을 때인 1970년대의 열 배야. 전기 소비량은 무려 스물일곱 배라고 해. 텔레비전, 냉장고, 세탁기 같은 가전제품의 크기가 커졌고, 모든 집에서 컴퓨터를 쓰게 되었고, 조명 등에 소비하는 에너지가 늘었기 때문이야.

 해 보자

- 집에서 쓰는 전력을 더 줄일 수는 없을까? 사실 얼마 전까지만 해도 없어도 잘 지낸 것들이 많아. 다음 물건들이 여러분의 아빠, 엄마가 어렸을 때에도 집에 있었는지 확인해 봐.

□ 에어컨
□ 자동차
□ 휴대전화
□ 컴퓨터
□ 가습기
□ 게임기
□ 전자레인지
□ 휴대용 음악 플레이어
□ 액정 텔레비전

□ 전기장판
□ 진공청소기
□ 휴대용 게임기
□ 디브이디 플레이어
□ 시디 플레이어
□ 전자체온계
□ 팩스
□ 자동응답기
□ 커피 메이커

A 모두 옛날에는 말리거나 절이는 등의 방법으로 음식을 가능한 한 오래 보존하려고 노력했어. 그날 안에 먹는 좋은 습관도 있었지.

대기 전력 다이어트

 가정에서 1년 동안 쓰는 대기 전력(평균 306킬로와트)을 자전거 발전기로 얻으려면 얼마나 걸릴까?
① 하루(24시간) ② 28일(672시간) ③ 128일(3072시간)

가정에서 쓰는 에너지에서 전기가 차지하는 비율은 거의 절반이야. 그럼 전기를 절약하려면 어떻게 해야 할까. 우리가 주목해야 할 게 바로 '대기 전력'이야.

 알고 있니?

- 여러분들 집에 있는 디브이디나 시디 플레이어에는 시간과 날짜가 늘 표시되어 있지 않니? 이렇게 콘센트에 꽂혀 있는 것만으로도 조금씩 전기가 소비되는데, 이것을 '대기 전력'이라고 해.
- 많은 양은 아닐지 모르지만, 한 가정에서 대기 전력으로 소비되는 전기량이 1년이면 평균 306kWh(시간당 킬로와트)야. 전기 요금으로 따지면 5만 1500원이래. 우리나라 전체로 보면 1년 동안 쓴 대기 전력 85만 6000킬로와트인데, 이 양은 원자력발전소 하나가 만들어 내는 전력량이랑 맞먹는대. 전기 제품의 진보로 대기 전력이 줄기는 했지만 그래도 현재 집에서 쓰는 전기량의 약 11퍼센트에 해당한다고 해!

우리가 할 수 있는 일

- 대기 전력 다이어트에 들어가자! 먼저 집에 있는 가전제품의 대기 전력이 얼마나 되는지 살펴보자. 사용 설명서 등에 적혀 있어. 최근에는 대기 전력 0인 에너지 절약 제품도 늘어나고 있어.
- 대기 전력을 줄이는 가장 좋은 방법은 '쓰지 않을 때는 플러그를 뽑아 두는 것'이야. 콘센트 옆에 '에어컨' 또는 '텔레비전'이라고 이름표를 붙여 두면 알아보기 쉬워. 대기 전력 차단 멀티탭도 있고, 그 밖에 대기 전력을 줄이는 기능도 있으니까 이용해 보자.

Ⓐ ③ 128일(3072시간) 정말 대단하지?

집 안 전구를 바꾸자

> 전 세계 발전량 가운데 조명이 차지하는 비율은 몇 퍼센트일까?
> ① 약 5퍼센트 ② 약 20퍼센트 ③ 약 40퍼센트

똑같이 써도 소비 전력이 적은 전기 제품을 '에코 가전'이라고 해.

 알고 있니?

- 가정에서 전기가 가장 많이 드는 것은 무엇일까? 답은 조명, 에어컨, 그리고 냉장고야. 집에서 소비하는 전기의 60퍼센트 정도를 이 세 가지가 차지해.
- 최근에는 전구 모양으로 된 형광등을 손쉽게 구할 수 있어. 백열전구를 형광등으로 바꾸면 전력이 4분의 1에서 5분의 1로 줄어. 가격은 비싸지만 전기 요금을 절약할 수 있고, 오래 쓸 수 있어서 1년이면 본전을 찾는다는 계산이 나와.
- 정부에서도 백열전구를 전구 모양 형광등으로 바꾸려는 움직임을 보이고 있어. 정부 기관 건물에서는 2009년에 백열전구가 모두 사라졌고, 민간 부문에서도 2013년까지 모든 전구를 에너지 절약형 형광등으로 바꾸는 것이 목표래.
- 에어컨이나 냉장고는 자주 바꾸는 물건은 아니지만, 요즘 것은 옛날에 비해 성능이 아주 좋아졌어. 가정용 에어컨을 예로 들면 1995

년형에 비해 2008년형은 1년 동안 쓰는 전기량이 평균 40퍼센트 이상 적어졌대. 그러니까 최근 상품은 모두 '에코 가전'이라고 할 수 있을지도 모르겠어. 가전제품을 바꿀 때 그중에서도 에너지 효율이 높은 것을 고르면 전기 사용량을 줄일 수 있는 거야.

 우리가 할 수 있는 일

- '어머, 전구가 나갔네!'라는 말을 들으면 친구들이 나설 차례야! 전구형 형광 램프로 바꾸자고 제안해 봐!
- 아직 쓸 만한데 에코 가전으로 바꾸는 게 좋을까? 전기 요금이 싸지는 만큼 에코 가전이 더 이득인 경우도 많아. 하지만 아무 문제없는 제품을 에코 가전으로 바꾸는 것이 과연 지구에 좋을까? 참 어려운 문제야. 예를 들면 에어컨 세 대 중에서 한 대가 낡았다면 새 에어컨으로 바꿀지 고민이 되겠지. 이때 '연구해서 두 대로 지내는' 방법도 있어. 에코 가전으로 바꾼다고 다 좋은 건 아니라는 점을 꼭 명심하면 좋겠어.

Ⓐ ② 약 20퍼센트 전 세계 발전량의 19퍼센트는 조명에 쓰인대.

41

탄소 발자국

 탄소 발자국이란 무슨 뜻일까?
① 내 발자국의 크기   ② 소 발자국 크기
③ 내가 배출한 이산화탄소의 양

 확인해 보자

나의 탄소 발자국은 얼마나 될까?

일상 속에서 나는 탄소를 얼마나 배출할까? 탄소 발자국을 측정할 수 있는 사이트가 많아. 대중교통을 이용하는지, 집에서 전기나 가스는 얼마나 쓰는지 등에 따라 배출되는 탄소량도 알 수 있고, 배출한 탄소를 흡수하기 위해 나무를 몇 그루나 심어야 하는지도 알려 줘.

탄소 발자국 측정 :

- 녹색연합 탄소 발자국 계산기: http://safeclimate.greenkorea.org
- 그린스타트 우리 집 탄소 발자국 계산기: http://greenstart.kr

 알고 있니?

- 350은 무슨 숫자일까?

기후변화의 원인이라고 말하는 '대기 중 이산화탄소 농도'는 200년 전만 해도 275ppm이었는데, 지금은 378ppm까지 높아졌어. 이산화탄소의 농도를 350ppm까지 낮춰야만 기후변화 문제를 해결할 수 있다는 주장이 나왔지. 그런데 기후변화를 해결하기 위해 모인 기후변화협약당사국총회에서는 2050년까지 이산화탄소의 농도를 450ppm로 맞추자는 주장을 하고 있어. 만약 이렇게 되면 가뭄이 심해지고, 해수면이 상승할 것으로 예상돼. 정말 지구를 위한 선택은 350일까? 450일까?

- 전 세계 사람들은 기후변화협약당사국총회에 350의 중요성을 알리는 캠페인도 하고 있으니까 참여해 보면 어떨까? 350이라는 숫자를 이미지로 만들어서 사진을 찍어 보내면 돼!

http://www.350.org/

탄소 포인트

집에서 전기, 수도, 도시가스 사용량을 줄이면 그만큼 탄소 배출이 줄어들겠지? 탄소가 줄어든 만큼 포인트를 주는 제도가 있어. 포인트는 현금, 교통카드, 상품권, 쓰레기봉투, 공공시설 이용 바우처, 기념품 등으로 바꿀 수 있는데 전국의 각 지자체마다 다양한 프로그램을 하고 있어.

홈페이지: http://www.cpoint.or.kr/

Ⓐ ③ 내가 배출한 이산화탄소의 양

모래밭이나 눈길을 걸어가면 우리가 지나간 흔적인 발자국이 남지? 우리가 밥을 먹고 차를 타고 물건을 살 때도 흔적이 남아. 그중 탄소가 발생한 흔적, 즉 발생한 탄소의 양을 계산한 것이 바로 탄소 발자국이야.

식물 커튼을 만들어 보자

에어컨이나 선풍기가 없던 시대에는 어떻게 여름을 시원하게 보냈을까?
① 뛰면서 바람을 맞았다   ② 길에 물을 뿌렸다
③ 시원해지라고 기도했다

더운 여름날 에어컨이 빵빵 돌아가는 시원한 방은 정말 최고야! 하지만 지나친 냉방은 지구를 괴롭히는 일이야. '열섬 현상'이라는 말 들어 본 적 있니? 인구가 많은 도시를 중심으로 기온이 올라가는 것을 말해. 예를 들면 서울의 평균기온은 최근 100년 동안 2.4도 올라갔다고 해. 그 원인의 하나가 에어컨 실외기가 뿜어내는 뜨거운 바람이야. 이를 해결하기 위한 방법 가운데 '식물 커튼'이 있어.

알고 있니?

- 식물 커튼은 버팀목이나 줄을 달고, 나팔꽃, 오이, 덩굴강낭콩같이 덩굴을 뻗는 식물로 만들어. 특히 해가 잘 드는 창이라면 햇빛도 막아 주지. 식물 커튼이 있을 때와 없을 때, 실내 온도는 10도 정도 차이가 난다니 참 놀랍지.
- 우리나라는 옛날부터 창에 '발'을 쳐서 더위를 피했어. 그런데 식물 커튼은 더 대단해. 식물 이파리가 머금은 수분이 온도가 올라가

는 것을 막아 준대. 창을 열어 두면 바람이 식물 커튼을 지나가며 더욱 시원해져.

- 그 밖에도 건물 옥상에 식물을 심거나 건물 바깥에 식물 넝쿨이 올라가게 하는 등 식물의 힘으로 열을 조절하려는 시도를 하고 있어. 식물의 힘에 기대를 하는 거야.

 우리가 할 수 있는 일

- 친구들 집에도 식물 커튼을 만들어 봐. 아파트 베란다도 괜찮아. 보고 즐기고 싶으면 나팔꽃을, 먹는 게 좋다면 오이나 강낭콩이 어떨까?
- 키우는 식물과 사는 지역에 따라 다르겠지만 3월에서 5월 무렵 심기 시작하면 여름에는 멋진 식물 커튼으로 자랄 거야.

Ⓐ ② 길에 물을 뿌렸다   수도가 없던 시대에 물은 지금보다도 훨씬 더 귀했어. 사람들은 더운 여름날, 한 번 썼던 물을 그냥 버리지 않고 길에 뿌려서 온도를 낮추었지.

 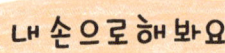

오이로 식물 커튼을 만들어 봐요

준비물

오이 모종 두 그루 • 깊이 30센티미터가 넘는 화분 • 화분 바닥에 깔 돌 • 원예 흙 • 고토 석회(흙 1리터에 10그램 정도) • 10센티미터 정도 되는 원예용 망

 키우기

1. 5월 무렵에 커튼을 만들 장소에 원예용 망을 친다.

2. 화분에 돌을 깔고 원예 흙과 고토 석회(흙 1리터에 10그램 비율)를 섞어 위에서 1~2센티미터 정도가 되도록 넣는다. 오이 모종은 20센티미터 간격으로 심는다.

3. 흙이 마르지 않도록 자주 물을 준다. 모종일 때는 흙이 마르지 않을 정도로 1~3일, 자라고 나면 날마다 듬뿍 준다. 한여름에는 아침저녁으로 주면 좋다.

4. 넝쿨이 너무 쑥쑥 자라 망에 든든하게 감기지 않으면 비닐 테이프 등으로 고정시켜 전체에 골고루 붙도록 도와주자.

5. 여름이 다가와 넝쿨이 길게 자라서 망을 벗어나면 가위로 자른다. 넝쿨이 자꾸 뻗어 잎보다 무성해지기 쉽다.

6. 가을에 접어들어 날이 선선해지면 망에 붙어 있는 넝쿨을 제거하고 망을 접는다. 내년에 다시 만나!

43

자전거 선수가 되자

환경에 좋은 탈것은 어느 것인가?
① 업기   ② 자전거   ③ 마법 양탄자

차는 참 편리하기는 해. 그렇지만 지구한테 가장 좋고, 친구들도 탈 수도 있는 건 바로 자전거야!

 알고 있니?

- 우리가 많이 이용하는 교통수단 가운데 이산화탄소를 가장 많이 배출하는 것은 자동차야. 버스와 전철은 사람이 많이 탈 수 있지만, 차는 몇 명밖에 타지 못하고 도로도 많이 차지하기 때문에 효율이 떨어져. 공기를 더럽히는 배기가스도 나오지. 그러니까 자동차보다는 버스, 버스보다는 지하철을 타는 것이 지구를 위해서 좋겠지?
- 그러나 뭐니 뭐니 해도 환경과 가장 친한 건 역시 자전거야. 이산화탄소도 나오지 않고, 운동도 되고, 기름 값도 들지 않으니까 일석삼조! 물론 차를 가지고 중요한 일을 하는 사람이나 차가 꼭 필요한 사람도 있어. 차는 그런 사람들에게 맡기고 안 타도 되는 사람은 자전거를 타자.
- 자전거는 법률에서는 '차량'으로 분류되어 오토바이, 차와 같이 취

급돼. 그러니까 자전거를 탈 때는 일시정지, 우측통행 같은 기본적인 교통 법규는 알고 있어야 해.

- 자전거에만 해당되는 규칙도 있어. 인도에서는 보행자가 먼저야, 즉 걷고 있는 사람에게 위험하게 운전해선 안 돼. 인도에서 보행자에게 벨을 울리는 것도(위험한 경우에는 빼고) 금지야. 만약 무슨 일이 있으면 말로 해야 해. 우산을 쓰고 달리는 것도 안 돼. 비 오는 날은 버스를 타고 외출하는 게 좋겠어. 도로에서 달리는 거니까 조금 귀찮아도 전용 헬멧을 쓰고 안전하게 타자.
- 자전거 주차장이 적은 것도 문제고, 방치된 자전거도 문제야. 지구에게 좋은 탈것이고 앞으로도 점점 주목을 받을 테니까 자전거 주차장이나 자전거 전용도로처럼 자전거 이용에 좋은 환경을 만들 필요가 있어.

 우리가 할 수 있는 일

- 만약 목적지가 가까운 곳이라면 가족들한테 자전거로 가자고 해 보면 어떨까? 맑은 날에 바람을 맞으면 기분이 좋고 계절이 바뀌는 것도 느낄 수 있어.
- 자전거를 만들 때는 이산화탄소가 나와. 그러니까 내 자전거를 잘 보살피고 손을 보아서 오래 타는 게 진정한 자전거 선수야. 자전거를 오래 타려면 몸에 맞는 자전거를 고르는 것도 중요해. 살 때는 가게 주인과 잘 의논해서 크기를 고르고, 고장이 났을 때 손보는 방법도 배우자.

    A 모두 하지만 여러분들은 이미 다 컸으니 업어 달라기는 어렵겠고, 마법 양탄자는 어디서 파는지 모르니 자전거가 최고!

6장 미래 에너지

겨울에도 따뜻하고 밤에도 환하고
비행기를 타면 외국이라도 금방이야!
이런 편리한 생활이 가능한 것은 모두 에너지 덕분이야.
에너지의 주역은 전기, 휘발유, 등유, 가스 등이야.
우리 생활은 에너지로 지탱되고 있어.

그런데 걱정스러운 일이 있어.
이런 식으로 쓰다 보면 화석연료는 앞으로 40년이면 다 떨어진대.
게다가 석유를 태우면
온난화 원인이라는 이산화탄소를 많이 내뿜어.

우리는 에너지 없이 살아갈 수가 없어.
그렇다고 에너지를 마구 쓰면 난처한 일이 생기고.
어떻게 하면 좋지?

해결 방법 하나는 에너지 절약이야.
적은 에너지로 쾌적하게 살 수 있게
모두 바꾸어 가야 한다는 뜻이지.

그리고 또 하나.
환경에 좋은 에너지로 바꾸어 가는 거야.

태양이나 바람, 물 같은 자연의 힘을
에너지로 만드는 거야.
휘발유 대신 유채 기름을 쓰고,
사람들은 걷고,
차가 움직일 때 생기는 진동으로 전기를 만들고.

이미 쓰이는 것도 있지만
아직 실험 단계인 것도 있어.
하지만 이런 에너지라면
지구와 사이좋게 살아갈 수 있을 것 같아!

미래의 우리들은 어떤 에너지를 쓰고 있을까.
어쩌면 친구가
세계를 구할 새로운 에너지를 발명할지도 몰라.
그런 생각을 하면 가슴이 두근거리지 않니?

44

태양과 바람의 힘

 우리나라의 발전 방법으로 가장 높은 비율을 차지하는 것은 무엇일까?
① 석탄 ② 원자력 ③ 천연가스

전기를 만들기 위해서는 에너지가 많이 필요해. 지금까지는 연료를 태우거나 원자력의 힘을 빌렸지만 앞으로는 환경을 고려해서 전기를 만들어 가야 해. 그래서 사람들은 자연의 힘을 이용하는 발전에 주목하고 있어.

 알고 있니?

- 원자력 발전은 석탄이나 석유를 태우는 화력발전과는 달라서 발전하는 과정에서 이산화탄소를 거의 배출하지 않아. 그러나 우라늄을 원료로 가공하는 과정에서는 이산화탄소를 꽤 많이 배출하지. 무엇보다 발전소를 가동하는 동안에도, 사용하고 난 연료에서도 수만 년 동안 매우 위험한 방사선이 끊임없이 만들어져. 그런데도 최종적으로 어떻게 처분해야 할지 애매한 상태로 늘어 가기만 하고 있어. 체르노빌 사고 들어 봤니? 1986년 러시아 체르노빌에서 일어난 원자력 발전소 폭발 사고인데, 그런 사고가 한번 일어나면 그 피해는 돌이킬 수 없을 정도로 클 거야.

- 그래서 안전하고 지구를 오염시키지 않는 자연 에너지가 더욱 기대를 모으고 있어. 태양에서 지구까지 도달하는 빛 에너지는, 지금 지구인들이 쓰고 있는 에너지의 50배나 된대. 이걸 안 쓸 수 없지. 햇빛을 모으는 태양 전지판을 지붕에 설치하면 빛 에너지를 이용해 전기를 만들 수 있어.

- 바람의 힘으로 풍차를 돌려 전기를 일으키는 풍력 발전은 지금 자연 에너지 중에서 가장 기대를 받고 있어. 특히 독일을 비롯한 유럽, 미국 등에서는 적극적으로 풍력을 이용하고 있는데, 최근 10년 동안 열두 배나 늘었대.

- 태양이나 바람 같은 자연 에너지를 일상생활에서 적극적으로 이용하는 사람들이 있어. 일본의 도쿄 스기나미구에 사는 세키 미치오

Ⓐ ① **석탄** 석탄이 1위, 2위는 원자력, 3위는 천연가스야. 그런데 원자력의 비율이 점점 높아지고 있어.

씨는 풍력발전기 세 대와 태양 전지판을 이용해 얻은 전기로 계단과 복도의 불을 밝힌대. 전기를 많이 만들지는 못 하지만 천재지변으로 정전이 되어도 며칠은 버틸 수 있다고 해.

- 환경을 생각해서 설계한 집도 등장했어. 태양 전지판은 물론 빗물을 모아 생활용수로 쓰는 펌프, 생활쓰레기 처리장 등이 마련되어 있어. 에어컨을 켜지 않고 지낼 수 있도록 통풍에 신경을 쓴 집도 있대.

- 온 나라의 집에서 자가발전을 할 수 있게 된다면 원자력 발전도 화력발전도 줄어들 거야. 헌데 지금 단계에서는 태양이나 풍력 에너지는 설비를 갖추는 데 돈이 너무 많이 들어. 기술이 발전해서 더 싸게 설치할 수 있으면 일반 가정에서도 많이 쓰일지 몰라. 그렇게 되면 지구도 우리도 참 좋겠지.

45

휘발유가 아니라도 차는 달린다!

> 지금 실제로 팔려고 준비 중인 새 차에 휘발유 대신 쓰이는 연료는 무엇일까?
> ① 물   ② 공기   ③ 흙

휘발유를 쓰지 않는 차가 늘고 있어. 석유가 바닥나는 날을 대비해 자동차 연료 연구도 활발히 진행되고 있지. 아직 개발 중인 것을 포함한 미래의 자동차가 도로를 달리는 날이 그리 멀지 않을지 몰라.

 알고 있니?

- 튀김 기름으로 차가 달린다는 말 들은 적 있니? 깨끗하게 거른 튀김 기름이 연료가 되는 거야. 운전 중에 이산화탄소는 나오지만 튀김 기름은 식물에서 뽑기 때문에 환경에 덜 해로워. 서울 강동구청에서는 폐식용유를 청소차에 이용하고 있어. 야마다 슈세이라는 일본인은 폐식용유로 차를 타고 세계 일주를 하기도 했어.

- 유채꽃으로 자동차 기름을 만드는 것도 시도되고 있어. 이렇게 식물에서 뽑은 에너지가 전 세계에서 주목을 받고 있어. 우리나라에는 없지만 해외에는 옥수수 같은 곡물로 만든 바이오 에너지가 휘

A ② 공기 과거 F1엔지니어 프랑스인 기 네그르 씨가 발명한 공기 자동차의 판매가 멀지 않았대. 정말 놀랍지?

발유 대신 자동차 연료로 쓰이기도 한대. 그런데 곡물 연료는 식량이 부족한 나라를 위협하는 일이기도 해. 콩도 그중 하나야. 콩을 많이 먹는 우리에게도 남의 일이 아니야.

- 전지로 작동하는 전지식 전기 자동차는 운전 중에 이산화탄소를 배출하지 않아. 창고에서 물건을 들어 올리는 리프트나 전동 자전거에 쓰이고 있지. 지금까지는 전지로 오랜 시간 달릴 수가 없었어. 그런데 최근 리튬이온 전지 덕분에 일반 도로를 달리는 전기 자동차를 탈 날이 멀지 않았대.

- 화학전지라는 것도 있어. 충전식 전지와 달리 수소를 연료로 산소와 화학반응을 시켜 전력을 만드는데 전기 자동차와 마찬가지로 이산화탄소를 배출하지 않아. 나오는 거라고는 물뿐이라 환경에도 아주 좋아. 이 에너지로 달리는 차를 연료전지 자동차라고 한대.

- 전기 자동차도 연료전지 자동차도 이산화탄소가 발생하지 않기 때문에 환경에 좋아. 그렇지만 전기나 수소를 만들 때는 이산화탄소가 나오지. 그런 점에서 보면 환경에 가장 좋은 자동차는 태양열로 움직이는 자동차일지도 모르겠어. 태양열을 이용하니 에너지를 만들 때도 달릴 때도 이산화탄소를 발생시키지 않아(다만, 차를 만들 때는 이산화탄소가 발생하겠지). 하지만 안타깝게도 아직은 널리 쓰이기 어렵대. 속도가 느리고 만드는 데 돈이 너무 많이 들어. 이건 어쩌면 친구들이 미래에 해결해야 할 일일지도 모르겠어.

초등학생의 아이디어가 세상을 바꾼다?

우리나라의 에너지 자급률은?
① 3퍼센트 ② 50퍼센트 ③ 123퍼센트

지금 전 세계에서 새로운 에너지를 연구하고 있어. 세계를 구할 에너지를 개발하면 노벨상을 타는 것도 꿈은 아니지! 여기서는 새로운 연구를 하는 사람들을 소개할게.

 알고 있니?

- 어렸을 때부터 요리와 수학을 좋아한 일본의 하야미즈 고헤이 씨. 초등학교 4학년 때 모터 실험 수업을 하는데 갑자기 뭔가 탁 열리는 기분이었어. '모터에 전류를 흐르게 하면 모터가 회전하는데, 거꾸로 모터를 강제적으로 회전시키면 전류유도에 의해 전기가 발생한다'는 것을 배웠기 때문이야. '그렇다면 소리가 나오는 스피커는 거꾸로 밖에서 나는 소리의 힘으로 전기를 낼 수 있지 않을까? 그럼 소리로 전기를 일으킬 수도 있지 않을까?'라는 생각을 했대.

- 어른이 된 하야미즈 씨는 대학 2학년 때 연구 성과를 내겠다고 결심했어. 처음에는 쉽게 할 수 있을 거라고 생각했지만 실제로는 결

Ⓐ ① 3퍼센트 우리나라의 에너지 자급률은 3퍼센트에 불과해. 프랑스는 50퍼센트, 영국은 123퍼센트를 차지한대.

코 쉽지 않았어. 시행착오를 거듭했고 주위 사람들도 소리로 전기를 일으킨다니 말도 안 된다면서 말렸어. 그럴수록 더 열심히 연구에 몰두했어.

- 현재 하야미즈 씨는 '음력발전'이라는 회사를 만들어 연구를 하고 있어. 고속도로를 달리는 자동차 진동으로 전기를 일으키는 '진동력발전'은 기업의 협력을 받아 일부는 이미 기계 설치도 시작했대. 사람이 걷는 진동을 이용해 전기를 일으키는 '발전판'은 아직 실험 단계지만 자동차 진동으로도 활용할 수 있어. 만약 도쿄에서 이 판을 사용한다면 도쿄 일반 가정에서 쓰는 전기의 40퍼센트 정도를 담당할 수 있다는 계산이 나와. 그 밖에도 고속도로 소음으로 전기를 일으키는 연구도 하고 있어. 이것은 소음을 줄이면서 발전도 하니까 일석이조겠지. 어느 것이든 빨리 실현되면 좋겠어!

 우리가 할 수 있는 일

- 문득 떠오른 생각을 애지중지하며 키워 가! 그리고 환경을 위해 무엇을 할 수 있을지 안테나를 바짝 세웠으면 좋겠어. 자기가 관심 있는 분야가 좋아. 친구들이 정말로 세상을 바꿀 수 있어.

47

깜짝 놀랄 에너지 혁명

 바이오매스 발전에서 에너지원이 되는 것은?
① 소나 돼지의 똥   ② 젖은 쓰레기   ③ 이끼

　세상이 깜짝 놀랄 만한 발명은 처음에는 허무맹랑하다는 말을 듣는 경우가 허다해. 그래도 포기하지 않은 사람들이 역사에 남는 발명을 하지. 알다시피 축음기와 영화를 발명한 에디슨도 그중 하나야. 여기서는 에너지 개발 분야에서 '그게 정말이야?'라고 생각할 만한 사람들의 도전을 소개하려고 해. 이런 터무니없는 발상이 언젠가 지구를 구할 거야!

 알고 있니?

- 해조를 이용한 바이오 연료에 세상이 주목하고 있어. 해조로 어떻게 에너지를 만든다는 걸까? 미국 매사추세츠 공대의 아이작 베른스 박사는 반 이상이 기름 성분인 해조를 발견했어. 그는 해조에서 옥수수 100배의 기름을 뽑아내는 데 성공했대. 지금은 여섯 시간 배양으로 해조를 두 배 늘릴 수 있게 되었어. 이 기름을 생산하는 데 드는 비용은 휘발유의 반이야. 게다가 해조는 성장하면서 이산

A 모두 　'바이오'는 생물, '매스'는 큰 덩어리를 뜻해. '바이오매스'는 동물이나 곤충, 어류, 분뇨, 식물, 박테리아 등 생물에 관련된 모든 것들을 말해.

화탄소를 흡수하기 때문에 탄소를 줄이는 연료라고 할 수 있어.

- 우리나라 사람은 김과 미역 같은 해조류를 먹지만 세계적으로 보면 해조를 먹는 사람은 적어. 음식을 에너지로 돌리는 것은 좀 생각해 볼 문제지만, 안 쓰는 것을 활용하는 획기적인 발명이야. 미국 정부는 처음에 이 계획을 '실용화 불가능'이라고 결론지었대. 그래도 연구를 포기하지 않은 베른스 박사의 끈기가 승리한 거지.

48

쇼핑으로 지구를 구하자

 환경에 신경 쓰면서 쇼핑을 하는 사람들을 뭐라고 할까?
① 그린 엘리자베스   ② 클린 컨슈머   ③ 그린 컨슈머

사람마다 물건을 살 때 상품을 고르는 요령이 있어. 멋있어서, 재미있을 것 같아서, 맛있어 보여서 기타 등등. 싸다는 것도 큰 이유야. 앞으로는 거기에 '지구를 위해서 좋을까? 안 좋을까?'도 넣어 보자.

 알고 있니?

- 가게에 갔는데 맘에 드는 물건이 없으면 실망이지. 그래서 가게에는 여러 상품 중에서 인기 있는 것을 골라 선반에 진열해. 편의점에서는 언제, 어느 정도 나이인 사람이, 어떤 상품을 사는지 기록해서 필요한 상품을 갖추어 놓는대.
- 상품을 만드는 회사도 팔리는 상품을 만들려고 해. 그래서 누구나 사고 싶어 하는 것이 무엇인지 늘 연구해. 인기 있는 것이 늘어 가는 구조지.
- 그러니까 사는 것은 그 상품에 '한 표'를 던지는 것과 마찬가지고 '이 상품을 응원한다'는 의사 표시야. 예를 들면 친구들이 지구를

Ⓐ ③ 그린 컨슈머   'Green consumer'는 우리말로 하면 '초록 소비자'라는 뜻이야. 이 초록은 '환경을 생각하는'이라는 의미로 가능한 한 환경을 고려한 물건을 사는 것을 말해.

생각해서 물건을 고른다면 이 세상에 그런 상품이 늘어나는 계기를 만들게 되는 거야. 여러분들은 쇼핑을 통해 세상을 바꿀 수 있어.

 우리가 할 수 있는 일

- 물건을 살 때 지금까지 책에서 본 여러 가지를 잠깐 떠올려 봐. 평소에 물건을 사는 방법을 조금만 바꾸어도 많이 달라질 거야. 만약 뭐를 골라야 할지 모르겠다면 다음을 참고해서 할 수 있는 것부터 조금씩 시작해 보자.

 쇼핑으로 지구를 구하는 요령 9가지

1. 재활용 마크가 있는 것
2. 오래 쓸 수 있는 것
3. 가까이서 만든 것
4. 환경을 생각한 것
5. 내용물을 채워 쓸 수 있는 것
6. 환경에 좋은 용기를 쓴 것
7. 포장이 단순한 물건
8. 공정무역을 통해 수입된 것
9. 과소비 주의

49

환경 라벨에 주목

 세계 최초로 환경 라벨 제도인 '블루엔젤'이 독일에 도입된 것은 언제일까?
① 약 200년 전   ② 약 80년 전   ③ 약 30년 전

  환경에 좋은 상품을 고르고 싶은데 어떻게 구분하면 좋을지 모를 때 길잡이가 되는 것이 바로 환경 라벨이야. 우리나라에는 환경마크, 우수재활용인증마크, 탄소성적표지, 에너지절약마크, 에너지효율등급, 친환경농산물 등이 있어.

 알고 있니?

- 환경 라벨에는 재활용에 관한 것 말고도 그 상품이 환경을 고려한 제품이라는 것을 나타내는 마크도 있어. 재료의 질뿐 아니라 그 상품을 만들거나 키운 방법과 장소가 환경을 생각하고 있다는 뜻이니 잘 살펴봐.

A ③ 약 30년 전 1978년에 도입되어 30여년이 지났어. 전 세계적으로 보아도 환경 문제를 진지하게 고민한 것은 의외로 최근 일이야.

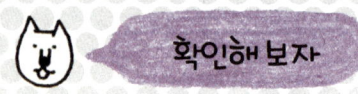 확인해 보자

환경마크 몇 가지를 소개했어. 모르는 마크는 환경부 사이트에서 확인해 봐. 무슨 뜻인지 알아낼 수 있을 거야.

환경마크
우리나라의 대표적인 환경마크. 물건을 만들고 사용할 때 오염을 덜 일으키거나 자원을 절약할 수 있도록 만들었을 때 붙이는 마크야. 우리가 생활하면서 볼 수 있는 제품부터 건축자재나 기계까지 다양한 물건들에 쓰이고 있어.

우수재활용제품 품질인증마크
우리나라에서 발생한 폐자원을 이용하고, 품질이 향상된 재활용 제품에 대해 정부가 품질을 인증하는 마크야.

재활용가능마크
쓰레기가 재활용 가능한 것인지 쉽게 알 수 있도록 해 주는 마크. 재활용가능마크가 있는 물건을 사용하면 쓰레기도 줄고 분리수거도 쉽게 할 수 있겠지? 이 마크는 종류가 많은데 모두 순환하는 화살표 모양이야.

탄소성적표지
우리가 사용하는 모든 물건과 서비스에서 발생하는 온실가스 양을 이산화탄소 발생량으로 표시하는 마크. 1단계에서는 탄소 배출량이 얼마인지를 보여 주고, 2단계는 저탄소상품인지를 알려 줘. 탄소 배출량이 적은 것으로, 저탄소상품으로 선택하는 게 지구온난화를 막는 데 좋겠지?

에너지절약마크

에너지를 절약할 수 있도록 만들어진 물건들에 주는 마크. 사용할 때도 다른 제품들보다 에너지를 적게 쓰고, 사용하지 않는 시간에는 자동으로 절전모드로 바뀌거나 대기 소비 전력이 기준치 이하인 똑똑한 전자제품이 있어. 에너지 절약에 힘쓰는 공장에도 붙는대.

에너지소비효율등급

에너지효율등급은 전자제품의 에너지사용량에 따라 1등급부터 5등급까지 나뉘는데, 우리 집엔 1등급 제품이 얼마나 있는지도 찾아볼까?

친환경농산물

친환경농산물 표시는 유기농산물, 무농약농산물, 저농약농산물로 나뉘어. 유기농산물은 농약을 사용하지 않을 뿐만 아니라 화학비료도 사용하지 않고 키운 농산물이고, 무농약농산물은 농약은 사용하지 않지만 화학비료는 권장량의 1/3 이내만 사용한 농산물, 저농약농산물은 화학비료나 농약을 권장량의 1/2 이내만 사용한 농산물이야.

FSC마크

'FSC(삼림관리협의회)'가 정한 기준을 바탕으로 적절하게 관리한다고 인정하는 숲의 나무로 만든 상품에 붙는 마크. 여러 생물이 사는 풍요로운 숲과 숲에서 일하는 사람까지 생각하고 있는지 묻는 항목까지 확인해.

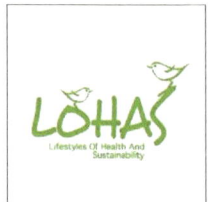

로하스인증마크

로하스는 'Lifestyles Of Health And Sustainability' 의 머리글자를 딴 말이야. 자신의 건강은 물론 환경과 사회를 위해서도 올바른 소비를 하는 생활 방식을 뜻하지. 로하스 인증은 물건이 친환경적인 것은 물론이고 물건을 만드는 과정, 회사가 친환경사업에 얼마나 투자하고 연구하고 있는지 등도 함께 보고 결정한대. 음식이나 휴대전화 같은 것부터 영덕군처럼 한 도시가 로하스 인증을 받기도 해.

공정무역

공정무역은 환경과 인권을 지키며 생산된 물건에 정당한 가격을 주고 거래하는 것을 말해. 우리나라에서도 커피, 초콜릿, 옷, 장난감 등의 공정무역으로 들어오는 상품들이 있어. 아직 우리나라에서 사용하는 공식적인 공정무역 인증마크는 없어.

녹색출판

재생종이로 만든 책에 붙는 녹색출판 마크야. 한 해 200만 톤의 종이가 책을 만드는 데 사용되는데, 이 양은 30년생 나무 3500만 그루라고 해. 재생종이로 만든 책들이 더 많아지면 숲을 보호하는 데 도움이 되겠지?

50

주위에서 할 수 있는 일부터 시작하자

 지구를 구하기 위해 친구들이 지금 바로 할 수 있는 일은?
① 숨을 멈추고 이산화탄소를 배출하지 않는다
② 다이어트 한다
③ 이 책을 읽고 무엇을 할 수 있을지 생각한다

지금까지 책을 읽었으니 친구들도 느낄 거야. 그래, 맞아. 먼저 시작하지 않으면 아무것도 바뀌지 않아. 50가지 방법 가운데 할 수 있는 일을 하나라도 실천하는 게 첫걸음이야. 그리고 거기서 또 한 걸음……. 사람들과 더불어 지구에 대해 생각하는 활동을 함께해 나간다면 훨씬 더 재미있을 거야.

 우리가 할 수 있는 일

- 친구들 학교에 환경 활동 모임이 있으면 참가해 봐. 만약 없다면 직접 만들 수도 있어. 먼저 관심 있는 친구들을 찾아서 선생님을 찾아가 의논해 봐. 학교에서 환경을 위해 할 수 있는 일을 하자고 권하고 신문을 만들고 야외 활동도 하고, 여러 활동을 할 수 있을 거라고 생각해! 힘을 모으면 혼자 하는 것보다 큰 힘이 될 거야.

A ③ 이 책을 읽고 무엇을 할 수 있을지 생각한다 먼저 무엇을 할 수 있는지 생각해 보고 그것을 실천하는 것이 중요해.

- 학교가 아니라도 자기 생각을 발표할 방법이 있어. 주위 어른들하고 의논해서 블로그를 만드는 것도 그 하나지. 처음에는 가족들이 함께 운영하는 것도 좋아. 시도해 본 일, 새롭게 시작한 일을 웹에 올리는 것도 요즘 시대에 할 수 있는 활동이야. 각자 나름대로 올리다 보면 '그거 괜찮네.' 하면서 따라 하는 사람도 있을 테고, '재미있는 일을 하고 있구나.' 라며 응원하는 사람도 만나게 될 거야.
- 학교도 집도 아닌 다른 곳에서 활동할 수도 있어. 친구들이 사는 지역에도 틀림없이 자연과 환경에 좋은 일을 하는 모임이 있을 거야. 특히 어린이 환경기자단, 어린이 야생동물교실, 어린이 환경교실 등 함께 모여 환경을 공부하고 다양한 실천을 할 수 있도록 도와주는 단체를 찾아보자. 적당한 곳이 없다면, 친구들과 직접 만들어도 되겠지?
- 무슨 일을 시작하기 전에는 가슴이 두근거려. 그렇지만 먼저 시작하면 재미있어져. 처음 내딛는 한 걸음이 지구를 구하고 또 여러분 인생을 즐겁게 해 줄 거야.

51번째 방법을 모집합니다!

'어린이들이 지구를 구하는 50가지 방법'은 이제 전부 소개했어. 계속해서 51번째 방법은 여러분들이 꼭 생각해 봐! 미래 지구의 주인은 바로 여러분이니까.

이 책을 읽고 알았겠지만 지구를 구하는 일은 어려운 일이 아니야. 매일 생활하면서 할 수 있는 일부터 시작하면 돼.

 환경 관련 사이트 목록

- 환경에 대해서 더 알고 싶을 때, 어떤 활동을 하고 싶을 때 참고가 되는 웹사이트를 소개할게! 인터넷으로 알아보는 데 그치지 말고 도서관에 가서 책을 찾아보고, 실제로 보고 듣고 실천하는 것도 중요해.

→ 환경운동연합: http://www.kfem.or.kr
→ 녹색연합: http://www.greenkorea.org
→ 그린피스: www.greenpeace.org
→ 참여연대: http://www.peoplepower21.org

어때? 친구들이 지구를 구할 수 있을 것 같아? 할 일이 너무 많아서 어려울 것 같다고? 눈치챘는지 모르겠지만 책을 끝까지 다 읽은 것만으로도 이미 지구를 구하기 위한 한 걸음을 내딛은 거야.

텔레비전을 켜 봐. 환경이나 이산화탄소, 지구를 구하기 위한 방법 같은 이야기가 신기하게도 귀에 들어올 거야. 그건 친구들 마음이 '지구를 구하는 일'에 민감해졌다는 뜻이야. '아는 것'과 '모르는 것'은 엄청나게 큰 차이가 있어.

'지구를 위한다'는 생각은 이미 우리들 삶에 많이 파고들었어. 환경을 생각하는 가전제품과 자동차가 개발되었고, 장바구니를 들고 시장에 가는 사람도 늘었어. 카운터에서 '비닐 봉투는 필요 없어요.'라고 말하는 건 얼마 전까지만 해도 생각지 못한 일이야. 한 사람 한 사람이 지구를 생각하게 된 것이지.

그런데 이와 동시에 난처한 일도 생겼어. 얼마 전까지 '지구에 좋다'고 했던 일들이 사실은 '그렇지 않은' 경우도 있고, '나쁘다'고 밝혀지기도 했어.

'대체 뭐가 정답이야?'

'지금 우리는 어떻게 하면 좋을까?'

이런 의문이 계기가 되어 우리는 이 책을 만들게 된 거야.

우리는 일단 '지금 아는 것'부터 시작했어. 특히 지금까지 '당연하다'고 여겼던 일을 의심해 보았지. 문제는 산더미였고, 생각보다 심각했어. 심지어 '정말로 지구를 구할 수 있을까?' 하는 생각도 들었어. 하지만 적어도 어느 방향으로 가야 하는지는 보이기 시작했어. 그래, 이것도 '아는 것'과 '모르는 것'의 차이야.

　그렇게 책을 만들어 가면서 어느새 우리는 친구들하고 한 팀이라는 생각이 들었어. 양치를 할 때마다 '우리 친구들도 컵으로 입을 헹굴까?' 하고 생각했지. 화장실에 가서 대, 소 손잡이를 잘못 내렸을 때는 '아, 실수! 미안…….'이라고 중얼거렸어. 어린이들이 열심히 애쓰면 어른인 우리들도 더 노력해야겠다는 생각이 마구마구 끓어올라. 알겠지? 이게 바로 '어린이의 힘'이야.

　그러니까 친구들이 꼭 집과 학교에서 팀을 만들어 50가지 방법(가운데 몇 가지라도)을 실천해 나가면 좋겠어. 그리고 지구를 위해 할 수 있는 일을 많이 고민하고 이야기도 나누길 바라. 어쩌면 지구를 구하기 위한 아이디어가 자꾸자꾸 나올지도 모르잖아.

　우리말에 '아깝다'는 말이 있어. 물건을 소중히 여기는 마법의 주문이야(음식을 먹다가 남겼을 때 이런 말 해 봤지?). 물건이 풍부해지면서 모두 점점 잊고 있었지만 지금 다시 생각해 봐. 모두 '아깝다'는 마음가짐으로 산다면 지구는 눈에 띄게 건강해질 거야. 우리 표어는 '아까워'로 정하자고!

　자, 이제 슬슬 책을 끝내야 해. 끝으로 지금까지 수도 없이 지구를 '구하자!' '지키자!'고 했어. 그런데 사실은 우리도 이 커다란 생명체 '지구'의 일부야. '지구를 위하는 것'은 곧 '우리를 위하는 것'이야. 친구들 손으로 지구에 사는 모든 생명이 웃으며 살 수 있는 밝은 미래를 만들어 주기 바라.

　끝까지 읽어 줘서 정말 고마워.

지구를 구하는 50가지 방법 제작위원회
가나자와 다카에